Mapping the Walk
Χαρτογραφώντας το μονοπάτι

Χρηματοδοτήθηκε εν μέρει
με χορηγία από την Επιτροπή
Τεχνών του Μέιν, μια
ανεξάρτητη κρατική υπηρεσία
που υποστηρίζεται από την
Εθνική Δωρεά για τις Τέχνες

Funded in part by a grant from
the Maine Arts Commission,
an independent state agency
supported by the National
Endowment for the Arts

© ΕΚΔΟΣΕΙΣ ΚΑΠΟΝ – ΤΖΟΥΝΤΙΘ ΑΛΛΕΝ-ΕΥΣΤΑΘΙΟΥ
ΠΡΩΤΗ ΕΚΔΟΣΗ: ΑΠΡΙΛΙΟΣ 2022
ISBN 978-618-5209-95-7

Απαγορεύεται η αναδημοσίευση ή αναπαραγωγή του παρόντος έργου στο σύνολό του ή τμημάτων του με οποιονδήποτε τρόπο, καθώς και η μετάφραση ή διασκευή ή εκμετάλλευσή του με οποιονδήποτε τρόπο αναπαραγωγής έργου λόγου ή τέχνης, σύμφωνα με τις διατάξεις του ν. 2121/1993 και της Διεθνούς Σύμβασης Βέρνης-Παρισιού, που κυρώθηκε με το ν.100/1975. Επίσης, απαγορεύεται η αναπαραγωγή της στοιχειοθεσίας, της σελιδοποίησης, του εξωφύλλου και γενικότερα της όλης αισθητικής εμφάνισης του βιβλίου, με φωτοτυπικές, ηλεκτρονικές ή οποιεσδήποτε άλλες μεθόδους, σύμφωνα με το άρθρο 51 του ν. 2121/1993.

ΕΚΔΟΣΕΙΣ ΚΑΠΟΝ
Μακρυγιάννη 23–27, 117 42 Αθήνα, τηλ. 210 9235 098, 210 9214 089
ΤΟ ΒΙΒΛΙΟΠΩΛΕΙΟ ΤΗΣ ΡΑΧΗΛ
Πλουτάρχου 22, 106 76 Αθήνα, τηλ. 210 7241 442, 210 9210 983
www.kaponeditions.gr   e-mail: info@kaponeditions.gr

© KAPON EDITIONS – JUDITH ALLEN-EFSTATHIOU
FIRST EDITION: APRIL 2022
ISBN 978-618-5209-95-7

All rights reserved under law 2387/20 (modified under law 2121/93 which is in effect today) and under the Bern Convention (ratified under law 100/1975). This book or parts thereof may not be reproduced in any form, stored in any retrieval system, or transmitted in any form by any means —electronic, mechanical, photocopy, recording, or otherwise—without prior written permission of the publisher.

KAPON EDITIONS
23–27 Makriyanni St., 117 42 Athens, Greece, Tel. 0030 210 9235098
RACHEL'S BOOKSHOP
22 Ploutarchou St., 106 76 Athens, Greece, Tel. 0030 210 9210983
www.kaponeditions.gr   e-mail: info@kaponeditions.gr

JUDITH ALLEN-EFSTATHIOU

Mapping the Walk
Χαρτογραφώντας το μονοπάτι

ISLAND OF KEA • ΝΗΣΟΣ ΚΕΑ

ΕΚΔΟΣΕΙΣ ΚΑΠΟΝ   KAPON EDITIONS

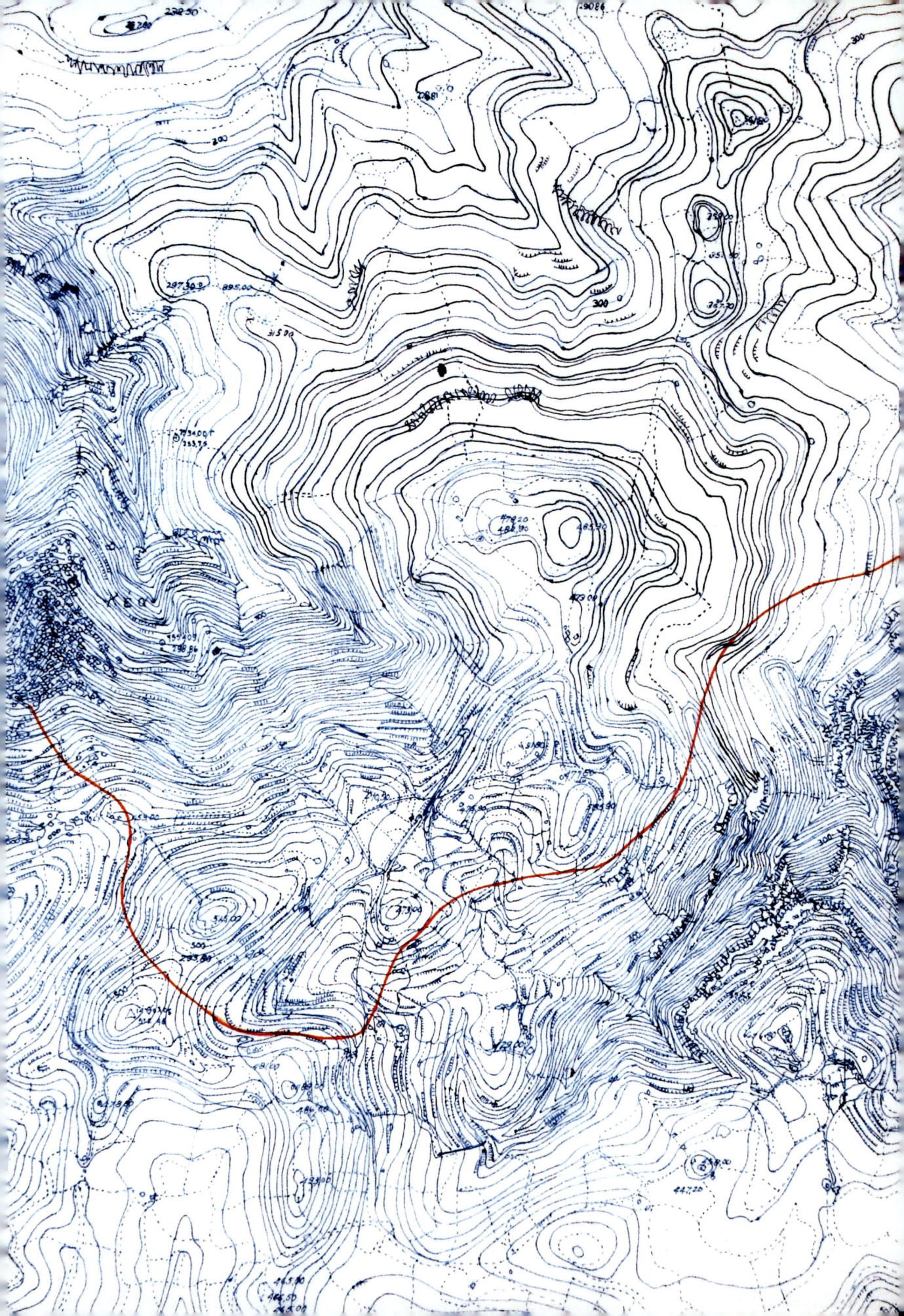

Για την κόρη μου, Ειρήνη Ευσταθίου

Για τον σύζυγό μου, Τίμοθι Ρόμπινσον

Στη μνήμη της αγαπημένης Κορίνας Κουτούζη

For my daughter, Eirene Efstathiou

For my husband, Timothy Robinson

In loving memory of Corinna Coutouzi

◀ *Τοπογραφικός χάρτης της περιοχής του Λέοντα στην Κέα, σχεδιασμένος με μελάνι από την Τζούντιθ Άλλεν-Ευσταθίου με βάση έναν επίσημο χάρτη από τον Ελληνικό Στρατό. Η διαδρομή του Λέοντα υποδεικνύεται με κόκκινο χρώμα.*

◀ *Topographical map of the Lion Walk area in Kea, drawn in ink by Judith Allen-Efstathiou based on an official map obtained from the Greek Army. The Lion Walk is indicated in red.*

ΠΡΟΛΟΓΟΣ

Θα ξεκινήσω το σημείωμά μου με μια εξομολόγηση: τα σχέδια της Judith Allen-Efstathiou είναι τα ωραιότερα που έχω δει προσωπικά.

    Η σχέση μου με την Judith έχει δύο παραμέτρους. Η μία είναι η συνεργασία μας στην γκαλερί στην Αθήνα. Η δεύτερη είναι η σχέση που αναπτύξαμε καθώς παρακολουθούσα την δουλειά της σχετικά με την καταγραφή της χλωρίδας που συναντούσε στην περιδιάβασή της στο αρχαίο μονοπάτι της Τζιάς και την έχει ονομάσει «Χαρτογραφώντας το μονοπάτι». Θα μπορούσε να πει κανείς ότι μοιραζόμαστε δυο μεγάλες αγάπες: της τέχνης και της βοτανολογίας.

    Η Judith περνά μεγάλο μέρος του χρόνου στην Κέα. Τα τελευταία εννέα χρόνια σχεδιάζει τα λουλούδια που συναντά στο ίδιο αρχαίο μονοπάτι όπου κάνει την καθημερινή της βόλτα όσο διαμένει στο νησί. Είναι μια χειρονομία εσωτερική που την πραγματοποιεί «για την δική της ευχαρίστηση», όπως λέει η ίδια. Το αποτέλεσμα είναι μια σειρά εγχρώμων συνθέσεων εξαιρετικής φρεσκάδας και λεπτότητας. Στα σχέδιά της παρακολουθούμε τον κύκλο της ζωής των φυτών από την ακμή της ομορφιάς τους ως τον πλήρη μαρασμό τους. Κάθε φορά προτάσσει τα νέα ζωηρά λουλούδια, ενώ στο δεύτερο πλάνο σχεδιάζει τα ξηραμένα, τα πεπερασμένα. Ενώ η ίδια δεν είναι βοτανολόγος, τα σχέδιά της είναι απόλυτης βοτανολογικής ακρίβειας, άρα και εξαιρετικά πολύτιμα επιστημονικά.

Ελένη Μαρτίνου
Έμπορος έργων τέχνης και λάτρης της κηπουρικής
Αθήνα, Οκτώβριος 2021

FOREWORD

To begin on a confessional note, I must admit that Judith Allen-Efstathiou's drawings are the finest I have ever seen.

My connection with Judith is twofold: on the one hand, we have worked together on a number of projects for my Athens gallery; on the other, we have developed a personal relationship as I followed her project "Mapping the Walk", a documentation of the flora that she encounters during her walks along the ancient footpath of Kea. You could say that we share two great passions: a passion for art and a passion for botany.

Judith spends much of her time on the island of Kea. For the past nine years, during her stays on the island, she has been drawing the flowers that she sees on her daily walks along Kea's ancient footpath.

This personal project, undertaken "for her own pleasure", as she explains, resulted in a series of colorful composite images of exquisite freshness and subtlety. Her drawings display the life cycle of plants, from their prime when in full bloom through to their decay. In each work, bright new blossoms stand out against a background of faded and spent flowers. Although Judith is not a botanist herself, the botanical detail captured in her drawings is of enormous scientific importance.

Eleni Martinou
Antique dealer with a love of gardening
Athens, October 2021

Περιεχόμενα Contents

ΠΡΟΛΟΓΟΣ Ελένη Μαρτίνου	6 | 7	**FOREWORD** Eleni Martinou
ΧΑΡΤΟΓΡΑΦΩΝΤΑΣ ΤΟ ΜΟΝΟΠΑΤΙ Τζούντιθ Άλλεν-Ευσταθίου	10 | 11	**MAPPING THE WALK** Judith Allen-Efstathiou
Η ΔΙΑΔΡΟΜΗ ΤΟΥ ΛΕΟΝΤΑ ΣΤΗΝ ΚΕΑ Τζον Μπρέιντι Κίσλινγκ	16 | 17	**THE LION WALK OF KEA** John Brady Kiesling
Ιανουάριος	35	January
Φεβρουάριος	39	February
Μάρτιος	43	March
Απρίλιος	53	April
Μάιος	65	May
Ιούνιος	81	June
Ιούλιος	97	July
Αύγουστος	113	August
Σεπτέμβριος	123	September
Οκτώβριος	129	October
Νοέμβριος	133	November
Δεκέμβριος	137	December
ΒΙΟΓΡΑΦΙΚΟ ΣΗΜΕΙΩΜΑ	142 | 143	**BIOGRAPHICAL NOTE**
ΕΥΧΑΡΙΣΤΙΕΣ	144 | 145	**ACKNOWLEDGMENTS**
ΚΑΤΑΛΟΓΟΣ ΤΩΝ ΕΡΓΩΝ	146	**LIST OF ARTWORKS**

ΧΑΡΤΟΓΡΑΦΩΝΤΑΣ ΤΟ ΜΟΝΟΠΑΤΙ

Τζούντιθ Άλλεν-Ευσταθίου

Κατά την πρώτη μου επίσκεψη στην Κέα στις αρχές της δεκαετίας του 1970, ακολούθησα κι εγώ, όπως και οι περισσότεροι επισκέπτες, το καλντερίμι μέσα από την ηπειρωτική πρωτεύουσα του νησιού, την Ιουλίδα (γνωστή στους ντόπιους ως Χώρα), για να δω τον εντυπωσιακό Λέοντα της Κέας. Αυτό το τεράστιο αρχαίο μνημείο, σκαλισμένο στην πλαγιά του λόφου, βρίσκεται ακριβώς έξω από το χωριό, δίπλα στο όμορφο μονοπάτι, που εκείνη την εποχή εκτεινόταν βόρεια μέχρι το μοναστήρι της Παναγίας της Καστριανής. Αργότερα, το 1981, αγοράσαμε μαζί με τον σύζυγό μου ένα μικρό σπίτι στη Χώρα. Μού αρέσει η πεζοπορία και η περιπλάνηση στην ύπαιθρο, και επιλέξαμε να αγοράσουμε ένα σπίτι στην Κέα επειδή το εκτεταμένο δίκτυο μονοπατιών είναι ιδανικό για πεζοπορία. Από τότε περπάτησα αμέτρητες φορές προς τον αρχαίο Λέοντα· άλλοτε συνέχιζα βόρεια, πέρα από τη Βρύση του Βενιαμίν, και έστριβα προς την κοιλάδα για τον Οτζιά, κι άλλοτε περπατούσα ως τον Άγιο Δημήτριο και ακολουθούσα το μονοπάτι πίσω από το εκκλησάκι προς την Πέρα Μεριά ή γύριζα πίσω κάνοντας τον κύκλο από το πάνω μονοπάτι, μετά τη Βρύση στο Πυργί, προς την Άνω Χώρα. Κάποιες φορές πήγαινα με τα πόδια ως την Καστριανή και διανυκτέρευα στο μοναστήρι ή κατέβαινα από την κοιλάδα στην παραλία στο Σπαθί για μπάνιο. Νιώθω τυχερή που πρόλαβα να περπατήσω όλα εκείνα τα μονοπάτια προτού πολλά από αυτά καταστραφούν από τις μπουλντόζες και μετατραπούν σε ασφαλτοστρωμένους δρόμους.

Σήμερα διατηρείται μόνο ένα μικρό τμήμα από το καλντερίμι για την Καστριανή: Ξεκινάει από τη Χώρα, περνάει από τον αρχαίο Λέοντα και τη Βρύση του Βενιαμίν και καταλήγει στον ασφαλτόδρομο μπροστά από το εκκλησάκι του Αγίου Δημητρίου (περίπου μισή ώρα με τα πόδια από τη Χώρα). Το 2011 η προσπάθεια να ασφαλτοστρωθεί και το εναπομείναν τμήμα του παρεμποδίστηκε χάρη στις διαμαρτυρίες των κατοίκων και στην παρέμβαση της Αρχαιολογικής Υπηρεσίας. Εκείνη την εποχή ήθελα να εκφράσω κι εγώ τη διαμαρτυρία μου, γι' αυτό εγκαινίασα ένα τελετουργικό που περιλάμβανε καθημερινούς περιπάτους στο μονοπάτι κατά τους μήνες που βρισκόμουν στο νησί. Το «Mapping the Walk» (Χαρτογραφώντας το μονοπάτι) είναι μια καταγραφή των περιπάτων μου, μια σειρά από λεπτομερειακά σχέδια με γραφίτη και γκουάς που καταγράφουν τον εφήμερο κύκλο ζωής των φυτών κατά μήκος του μονοπατιού. Με τα

MAPPING THE WALK

Judith Allen-Efstathiou

On my first visit to Kea in the early 1970s, like most visitors I followed the stone-paved *kalderimi* — mule path — through the island's inland hilltop capital Ioulida (known to locals as Hora) to see the impressive Lion of Kea. This huge ancient monument carved from the hillside lies just beyond the village along the beautiful footpath that at that time extended north all the way to the Monastery of Panagia Kastriani. Later, in 1981, my husband and I bought a small house in Hora. I love hiking and wandering in the countryside, and we chose to buy a house in Kea because its extensive network of mule trails is ideal for hiking. Since then, I have walked by the ancient Lion countless times, continuing north past the Fountain of Benjamin and either turning down into the valley to Otzias, or walking to Agios Dimitrios and taking the footpath behind the church to Pera Meria, or circling back on the upper footpath past Pyrgos Fountain to upper Hora. Sometimes I would hike as far as Kastriani and spend the night at the monastery, or go down through the valley of Spathi to the beach for a swim. I count myself lucky to have walked all these footpaths before many of them were bulldozed and turned into paved roads.

Now only a small section of the mule path to Kastriani remains in use, starting from Hora, passing the ancient Lion and the Fountain of Benjamin and ending at the asphalt road by the church of Agios Dimitrios (about a 30-minute walk from Hora). In 2011, an attempt to pave this remaining section of the footpath was prevented thanks to the protests of residents and the intervention of the Greek Archaeological Service. As my personal protest at that time, I began a ritual of daily walks along the path during the months that I could be on the island. My project "Mapping the Walk" is a record of those walks, a series of detailed graphite and gouache drawings of the ephemeral life cycle of the plants that grow near the path. The drawings are my way of honoring and documenting the footpath itself. I am not a botanist or even much of a gardener, and until the start of this project my botanical interest had been limited to identifying and collecting edible plants such as wild greens, herbs, mushrooms, and capers in the appropriate season. Now, through walking and drawing, I have learnt to recognize the flowering plants that grow wild along this small section of footpath and to marvel at their diversity.

σχέδιά μου τιμώ και τεκμηριώνω, με τον δικό μου τρόπο, το μονοπάτι. Δεν είμαι βοτανολόγος, ούτε καν σοβαρή κηπουρός, και μέχρι να αρχίσω αυτό το έργο το βοτανικό ενδιαφέρον μου περιοριζόταν στην αναγνώριση και τη συλλογή βρώσιμων φυτών στην εποχή τους, όπως για παράδειγμα άγρια χόρτα, βότανα, μανιτάρια και κάππαρη. Όμως, μέσα από το περπάτημα και το σχέδιο έμαθα να αναγνωρίζω τα ανθισμένα φυτά που μεγαλώνουν άγρια σε τούτο το μικρό τμήμα του μονοπατιού και να θαυμάζω την ποικιλομορφία τους.

Τα σχέδια

Όσο δουλεύω το κάθε σχέδιο, περπατώ στο ορεινό μονοπάτι σχεδόν καθημερινά, ξεκινώντας από το σημείο όπου το καλντερίμι από τη Χώρα μετατρέπεται σε χωματόδρομο, λίγο μετά το νεκροταφείο. Εδώ, κατά μήκος του συγκεκριμένου τμήματός του, υπάρχει μια τεράστια ποικιλία από αγριολούλουδα. Είναι τόσο πολλά που μοιάζει αδύνατο να διαλέξει κανείς ποια να χωρέσει σε ένα και μόνο σχέδιο.

Κάθε σχέδιο αποτελεί σύνθεση της πολυποίκιλης χλωρίδας που αναπτύσσεται σε όλο το μήκος του χωματόδρομου, από την ηλιόλουστη, ξερή περιοχή κοντά στον Λέοντα ως τις πιο υγρές, σκιερές περιοχές στο βελανιδόδασος μετά τη Βρύση του Βενιαμίν. Μερικά φυτά τα σχεδιάζω επιτόπου· άλλα, τα μαζεύω και τα παίρνω σπίτι για να τα ζωγραφίσω. Μήνα τον μήνα, ζωγραφίζω τα φυτά σε διαφορετικά στάδια του κύκλου τους, από τους πρώιμους χειμερινούς βλαστούς μέχρι τα καλοκαιρινά φρύγανα. Έχω πολλά αγαπημένα σημεία — ένα από αυτά βρίσκεται εκεί όπου φυτρώνουν κάθε άνοιξη η μικρή μελισσοφόρος οφρύς και οι άγριες ίριδες.

Το μεγάλο τραπέζι στο εργαστήριό μου στη Χώρα είναι γεμάτο βάζα και πλαστικά δοχεία γιαουρτιού με όλα τα είδη των λουλουδιών και των αποξηραμένων φυτών που μαζεύω — κι ανάμεσά τους αράχνες και διάφορα μικρά ζωύφια που φέρνω άθελά μου μαζί τους! Ξεκινώ να σχεδιάζω σε ένα λεπτό φύλλο χαρτί από ίνες μουριάς. Η σύνθεση περιλαμβάνει επάλληλα στρώματα: Πρώτα σχεδιάζω τα αδρά περιγράμματα με γραφίτη, κατόπιν προσθέτω το υδρόχρωμα και τέλος τονίζω με γραφίτη τις λεπτομέρειες των λουλουδιών. Προσπαθώ να σχεδιάζω με όσο το δυνατόν μεγαλύτερη ακρίβεια, παρατηρώντας απευθείας και με μεγάλη προσοχή τα φυτά από διαφορετικές οπτικές γωνίες. Ποτέ δεν ζωγραφίζω από φωτογραφίες, γιατί η φωτογραφία παγώνει τον χρόνο, ενώ το σχέδιο είναι μια πράξη παρατήρησης που έχει χρονική διάρκεια, συλλαμβάνει τα φυτά ενώ αυτά αλλάζουν από εποχή σε εποχή και κάτω από διαφορετικές καιρικές συνθήκες.

The drawings

While working on each drawing, I walk this mountainside footpath almost daily, starting from where the *kalderimi* out of Hora turns into a dirt track, just after the cemetery. It is here, along this particular section of the footpath, that a wealth of wildflowers can be found. There are so many to choose from that it is impossible to fit all the plants into a single drawing.

Each drawing is a composite image of the diverse flora that grow along the whole length of the dirt footpath, from the sunny, dry area near the Lion to the damper, shaded areas in the oak forest after the Fountain of Benjamin. I draw some plants on site; others I pick and bring home to draw. Month by month, I draw the plants at different stages in their cycle, from the early winter shoots to the dried remains of summer. I have a number of favorite spots — one in particular is where the little bee orchids and wild irises grow each spring.

A large table in my studio in Hora is covered with jars and plastic yogurt containers filled with all kinds of flowers and dried plants that I have gathered — plus an array of spiders and small bugs inadvertently brought home with them! I start my drawing on a thin sheet of mulberry paper. The composition is layered: first I draw light graphite outlines, then add washes of color, and finally work graphite into the color to define the finer floral details. I try to draw as accurately as I can from careful direct observation of the plants viewed from different angles. I never draw from photographs: they freeze a moment in time, while drawing is an act of observation over a period of time, capturing plants as they change with the seasons and different weather conditions.

Influences

I have long admired the watercolor paintings of the early European travelers to Greece, and especially the extraordinary botanical watercolors of the Austrian artist Ferdinand Bauer, who traveled with the English botanist John Sibthorp to document the rich biodiversity of the eastern Mediterranean in 1784–1787, eventually resulting in the multi-volume publication *Flora Graeca* (1806–1840). I also admire the work of the English botanist Anna Atkins, who first used cyanotype photograms in 1843 to capture images of algae, ferns, and flowering plants. Her work has inspired me to make cyanotypes from some of my botanical drawings. My artwork references these early works stylistically, but my aim is different; rather than adding to botanical knowledge, I instead create cautionary reminders of the value of the extraordinary wealth of wildflowers in Greece.

Επιρροές

Πάντοτε θαύμαζα τις υδατογραφίες των πρώτων Ευρωπαίων περιηγητών στην Ελλάδα, και ιδιαίτερα τις εξαιρετικές βοτανικές υδατογραφίες του Αυστριακού καλλιτέχνη Φέρντιναντ Μπάουερ, ο οποίος, στα ταξίδια του με τον Άγγλο βοτανολόγο Τζον Σίμπθορπ, τεκμηρίωσε την πλούσια βιοποικιλότητα της Ανατολικής Μεσογείου το 1784–1787, μια εργασία που οδήγησε στην πολύτομη μνημειώδη έκδοση Flora Graeca (1806–1840). Θαυμάζω επίσης το έργο της Αγγλίδας βοτανολόγου Άννας Άτκινς, η οποία χρησιμοποίησε για πρώτη φορά φωτογράμματα κυανοτυπίας το 1843 για να αποτυπώσει εικόνες από φύκια, φτέρες και ανθισμένα φυτά. Η δουλειά της με ενέπνευσε να φτιάξω κυανοτυπίες βασισμένες σε κάποια από τα βοτανικά μου σχέδια. Το έργο μου έχει στυλιστικές αναφορές σε αυτά τα παλιά έργα, αλλά ο στόχος μου είναι διαφορετικός. Αντί να συνεισφέρω στις γνώσεις βοτανικής, δημιουργώ σχέδια που εφιστούν την προσοχή στη μοναδική αξία που έχει η εξαιρετικά πλούσια, άγρια ανθοφόρα βλάστηση στην Ελλάδα.

Μια λεπτή ισορροπία

Ο Λέων της Κέας και το αρχαίο μονοπάτι που περνά από αυτόν βρίσκονται στην αρχαιολογική Ζώνη Α, που έχει οριστεί ως περιοχή απολύτου προστασίας. Έτσι, άθελά τους, απολύτου προστασίας είναι και τα φυτά που φυτρώνουν κατά μήκος του μονοπατιού. Επομένως και ο αρχαίος Λέων έγινε απρόσμενος προστάτης για τα αγριολούλουδα που ζωγραφίζω τον 21ο αιώνα. Καθώς περπατάω στο μονοπάτι, αναρωτιέμαι συχνά ποια από τα φυτά που ανθίζουν εδώ υπάρχουν από τότε που δεν είχε ακόμη σκαλιστεί στον βράχο το αρχαίο λιοντάρι και ποια φυτά ρίζωσαν εδώ πιο πρόσφατα. Άραγε, οι μελλοντικοί επισκέπτες θα συναντούν την ίδια χλωρίδα στα μονοπάτια της Κέας, ή μήπως το έργο μου αποτελεί μια τελευταία μαρτυρία για κάτι που σε λίγο θα χαθεί; Η ισορροπία ανθρώπινης δραστηριότητας και φύσης είναι πολύ λεπτή. Ακόμη και μια μικρή αλλαγή, όπως η λιθόστρωση του χωματόδρομου, μπορεί να οδηγήσει στην εξαφάνιση κάποιων ειδών. Διακαής μου πόθος είναι τα έργα της Μητέρας Φύσης να εκτιμώνται και να προστατεύονται όσο και τα έργα που δημιουργούμε εμείς οι άνθρωποι.

Μετάφραση: Μαρία Γαργαρώνη

A delicate balance

The Lion of Kea and the ancient footpath that passes it are located in the designated archaeological Zone A, an area of maximum protection, and so, unintentionally, are the plants that grow along the path. Thus, the ancient Lion has fortuitously become the protector of the wildflowers that I draw in the twenty-first century. As I walk along the path, I often wonder which plants have been blooming here since even before the ancient Lion was carved, and which plants have more recently taken root. Will visitors in the future find the same flora on the footpaths of Kea, or is my artwork a last testimony to something about to vanish? A very delicate balance exists between human activity and nature; even a small change, such as the stone paving of the dirt track, can result in a loss of species. My fervent wish is that the works of Mother Nature are valued and protected as much as the works we humans create.

Η ΔΙΑΔΡΟΜΗ ΤΟΥ ΛΕΟΝΤΑ ΣΤΗΝ ΚΕΑ

Τζον Μπρέιντι Κίσλινγκ

«Ίσως ο ωραιότερος δρόμος της Ελλάδας», σύμφωνα με την ευγνώμονα διατύπωση του Ζοζέφ Πιττόν ντε Τουρνεφόρ. Έτσι περιέγραψε ο διαπρεπής Γάλλος βοτανολόγος το πανέμορφο λιθόστρωτο καλντερίμι που συνδέει την Ιουλίδα, την πρωτεύουσα της Κέας στην ενδοχώρα του νησιού, με την Καρθαία, το ερειπωμένο αρχαίο αντίπαλο δέος της στο νοτιοανατολικό άκρο του. Εν έτει 1700, ο Τουρνεφόρ είχε δεινοπαθήσει περιηγούμενος στους περισσότερους δρόμους του Αιγαίου Πελάγους.

Έμπνευση για την ανά χείρας έκδοση στάθηκε η βορειοανατολική διακλάδωση αυτού του υπέροχου καλντεριμιού που ξεκινάει απ' τη Χώρα — τη διαχρονική πρωτεύουσα του νησιού, χτισμένη αμφιθεατρικά, σε υψόμετρο 317 μέτρων, στη θέση της αρχαίας Ιουλίδας. Ο Βρετανός ταξιδιωτικός συγγραφέας Θήοντορ Μπεντ, γράφοντας 180 χρόνια μετά τον Τουρνεφόρ, αποκάλεσε τη διαδρομή αυτή «έναν απ' τους πιο μαγευτικούς περιπάτους στον κόσμο». Κι εξακολουθεί να είναι, ακόμα και σήμερα, έστω κι αν το μονοπάτι δεν φτάνει πια μέχρι την αρχική κατάληξή του, το επιβλητικό μοναστήρι της Παναγίας της Καστριανής στο βραχώδες βορειοανατολικό άκρο του νησιού.

Η επίπεδη, γόνιμη γη σπανίζει στην Κέα. Η ανομβρία αποτελεί μόνιμη απειλή, ακόμα και σ' ένα νησί με τόσες πλούσιες πηγές όπως η Κέα. Με εκπληκτική μαστοριά, οι κάτοικοί της συνάρμοσαν τις βαριές πέτρες μεταξύ τους για να χτίσουν πεζούλες ακόμα και στο τελευταίο τετραγωνικό μέτρο του κακοτράχαλου νησιού τους. Ο εκπληκτικός μόχθος τους δημιούργησε επαρκή καλλιεργήσιμα εδάφη που μπορούσαν να στηρίξουν μια αγροτική οικονομία πιο πλούσια από εκείνη των περισσότερων αιγαιοπελαγίτικων νησιών: αμπέλια αλλά και μποστάνια για κηπευτικά, και μεγάλους αριθμούς από γελάδια και χοίρους. Οι συνετοί Κείοι φύτεψαν κριθάρι — πιο ανθεκτικό στην ξηρασία απ' το στάρι — και καλλιέργησαν τις βελανιδιές, καθώς τα βελανίδια τους αποτελούσαν τροφή για τα ζώα αλλά και τους ανθρώπους, και οι πλούσιες σε τανίνη βελανιδόκουπες ήταν περιζήτητες σ' ολόκληρη τη Μεσόγειο για την κατεργασία δερμάτων. Οι εξαγωγές βελανιδιού πρόσφεραν στους Κείους τόση αυτοτέλεια που ποτέ δεν χρειάστηκαν να αναπτύξουν κάποια μεγάλη ναυτική παράδοση — είτε εμπορικής ναυτιλίας είτε με παράκτιο αλιευτικό στόλο — παρά το μεγάλο, προστατευμένο λιμάνι στο σημερινό Λιβάδι, την αρχαία Κορησσία.

THE LION WALK OF KEA

John Brady Kiesling

"The finest Road perhaps that ever was in all Greece" were the grateful words of Joseph Pitton de Tournefort. The eminent French botanist was describing the beautifully stone-paved mule track (*kalderimi* in Greek) connecting Kea's inland capital Ioulis (known today as Ioulida or Hora), with Karthaia, its ruined ancient rival on the southeast coast. The year was 1700, and Tournefort had already slipped and struggled on most of the roads of the Aegean archipelago.

The inspiration for this book is the northeastern continuation of that splendid *kalderimi*, starting from Hora, the dramatically sited traditional island town built at an altitude of 317 meters atop ancient Ioulis. The British travel writer Theodore Bent, writing 180 years after Tournefort, would hail this walk as "one of the most charming promenades in the world." It remains so today, even if the footpath no longer reaches its dramatic original destination, the Monastery of Panagia Kastriani on the rocky northeast coast.

Flat, fertile land is scarce on Kea. Drought is a permanent threat, even with as many perpetual springs as Kea enjoys. The people of Kea became masters at fitting heavy stones together to terrace every square meter of their rugged island. Amazing toil created enough farmland to support a richer agricultural economy than most Aegean islanders manage: vineyards as well as vegetables, and substantial numbers of cows and pigs. The prudent Keans planted barley — more drought-resistant than wheat — and cultivated oak trees, whose acorns were fodder for animals but also for humans, and whose tannin-rich acorn caps were prized across the Mediterranean for tanning leather. With acorn exports, Keans were self-sustaining enough never to develop a major nautical tradition — neither through merchant shipping nor with off-shore fishing fleets — despite the large, protected harbor at modern Livadi (ancient Koressia).

Kea's mountainous terrain made wheeled vehicles problematic, while the island's self-contained economy made them almost unnecessary. Until a century ago, the only cart road was the one leading from Kea's port up to Hora, where 90 percent of the population lived. Otherwise, the

Το ορεινό έδαφος της Κέας καθιστούσε προβληματική τη χρήση τροχοφόρων οχημάτων, ενώ η αυτάρκης οικονομία του νησιού τα καθιστούσε σχεδόν περιττά. Μέχρι έναν αιώνα πριν, ο μοναδικός καρόδρομος έφτανε απ' το λιμάνι ως τη Χώρα, όπου ζούσε το ενενήντα τοις εκατό του πληθυσμού. Για όλα τα άλλα, οι κάτοικοι του νησιού χρησιμοποιούσαν μουλάρια ή μετακινούνταν πεζή. Τα καλντερίμια που έφτιαχναν ήταν στενά, ίσα ίσα χωρούσαν να περάσουν δύο φορτωμένα μουλάρια. Επιπλέον, ήταν περιτοιχισμένα και έτσι καθοδηγούσαν τους διαβάτες, απέτρεπαν το ξεστράτισμα των κοπαδιών στα χωράφια και πρόσφεραν σκιά, προστασία απ' τους ανέμους και απόκρυψη σε δύσκολους καιρούς, όταν οι οδοιπόροι αποτελούσαν δελεαστικό στόχο για τους πειρατές που σάρωναν το Αιγαίο.

Η ίδια η Χώρα προσφέρει ένα θεαματικό παράδειγμα αποτελεσματικής χρήσης της γης: μια ολόκληρη πόλη ξεδιπλώνεται πάνω σε μια απότομη κι αφιλόξενη πλαγιά. Η πυκνή δόμηση σήμαινε ασφάλεια. Μέρος του οχυρωματικού τείχους της αρχαίας Ιουλίδας σώζεται μέχρι σήμερα, ενώ αργότερα στη θέση της αρχαίας ακρόπολης χτίστηκε ενετικό κάστρο.

Οι δρόμοι δεν εισχωρούν βαθιά στον ιστό της πόλης. Στη θέση τους, ένα πολυδαίδαλο πλέγμα από σκαλοπάτια συνδέει τις διάφορες μικρές γειτονιές.

islanders relied on mules and the strength of their own legs. The *kalderimia* they built were narrow, just wide enough for two laden mules to pass. In addition, these paths were flanked by walls, not only to focus footfalls on a single track and to keep flocks from straying into cultivated fields while being driven, but also to provide shade, protection from the wind, and concealment during the bad times, when a traveler was a tempting target for the pirates that swarmed the Aegean.

Hora itself is a spectacular example of efficient land use, a whole town draped across the fold of a steep, unpromising hillside. Density meant safety. Much of the fortification wall of ancient Ioulis is still intact. The hilltop site of that ancient city was later occupied by a Venetian castle.

Roads do not penetrate the town very far. Instead, a labyrinth of stairways connects the little neighborhoods. For shorter journeys, the flat roofs of densely packed houses offered easier and cleaner passage through the town. Only one central route, passing the Archaeological Museum and ending at the main square, is accessible to smaller motorized vehicles. It is at the neoclassical Dimarcheion (the old town hall), therefore, that our walk commences.

Walking the walk

The Lion road's first destination is the tiny, densely packed town cemetery. After emerging from the narrow, staircased alleys of Hora, we walk a broad, flat track along the terraced hillside. Each flagstone is carefully fitted so the pall-bearers will not stumble on the way to the cemetery. This paving is quite recent, an example of modern virtuosity in stone. By contrast, the lowest courses of the cemetery terrace wall, just uphill from the road, are formed of massive stones, well fitted, showing these terraces and the road along them were probably laid out no later than the fourth century BCE.

Another *kalderimi* joins just downhill from the cemetery gate, serving fields below the road and two built fountains, which until recently were used as the communal laundry. Soon the hillside turns a sharp corner, divided by a gully (*rema*), passable now only by our track on its built bridge. Just beyond the *rema* rises a double church, principally dedicated to Agios Eleftherios, and a little beyond that is a unique work of ancient island art.

Στις μικρότερες αποστάσεις, οι επίπεδες στέγες των πυκνοχτισμένων σπιτιών πρόσφεραν έναν ευκολότερο κι απλούστερο τρόπο για να διασχίσει κανείς την πόλη. Μόνο σε μία κεντρική οδική αρτηρία, η οποία περνάει μπροστά από το Αρχαιολογικό Μουσείο και καταλήγει στην κεντρική πλατεία, είναι δυνατή η πρόσβαση με μικρά μηχανοκίνητα οχήματα. Από εδώ, λοιπόν, απ' το νεοκλασικό παλιό δημαρχείο, θα ξεκινήσει η διαδρομή μας.

Ακολουθώντας τη Διαδρομή

Πρώτος σταθμός της διαδρομής του Λέοντα είναι το μικρό και πυκνό με μνήματα νεκροταφείο της πόλης. Ανεβαίνοντας απ' τα στενά, βαθμιδωτά σοκάκια της Χώρας, βγαίνουμε στο φαρδύ, ομαλό μονοπάτι κατά μήκος της κλιμακωτής πλαγιάς. Κάθε πλάκα έχει στρωθεί με μεγάλη προσοχή, έτσι ώστε οι νεκροπομποί να μη συναντούν εμπόδια στην πορεία προς το νεκροταφείο. Η λιθόστρωση είναι σχετικά πρόσφατη, δείγμα νεότερης δεξιοτεχνικής εργασίας στην πέτρα. Αντίθετα, τα χαμηλότερα επίπεδα των αναβαθμίδων του νεκροταφείου, ακριβώς πάνω απ' τον δρόμο, έχουν τεράστιες, καλοστρωμένες πέτρες, που καταδεικνύουν ότι οι αναβαθμίδες αυτές, αλλά και ο δρόμος κατά μήκος τους, πιθανότατα στρώθηκαν το αργότερο κατά τον τέταρτο π.Χ. αιώνα.

Ένα άλλο καλντερίμι διακλαδώνεται ακριβώς μπροστά από την πύλη του νεκροταφείου και εξυπηρετεί τα χωράφια στην κάτω μεριά του δρόμου και δύο πηγές, οι εγκαταστάσεις των οποίων χρησιμοποιούνταν μέχρι πρόσφατα για το πλύσιμο των ρούχων. Πιο χαμηλά, η πλαγιά γίνεται ξαφνικά απότομη και χωρίζεται στα δύο από ένα ρέμα το οποίο μπορούμε να διασχίσουμε μόνο απ' το χτιστό γεφυράκι. Πέρα απ' το ρέμα υψώνεται ένας δίκλιτος ναός, αφιερωμένος πρωτίστως στον Άγιο Ελευθέριο, και λίγο πιο πέρα βρίσκεται ένα μοναδικό έργο αρχαίας νησιωτικής τέχνης.

Ο Λέων

Ο πέτρινος Λέων της Ιουλίδας είναι το διαχρονικό σύμβολο της Χώρας, η αλησμόνητη κατάληξη μιας μαγευτικής, μήκους ενός χιλιομέτρου, βόλτας στο ηλιοβασίλεμα, ορόσημο και ταυτόχρονα προστάτης της διαδρομής μας. Λες και είναι ζωντανός, ο Λέων παρουσιάζει διαφορετικό πρόσωπο στον κάθε επισκέπτη. Η παραμικρή αλλαγή της θέσης του ήλιου ή του σημείου θέασης μεταβάλλει το μήνυμα του αρχαϊκού του χαμόγελου: Είναι άραγε ένας άγρυπνος, καλόβουλος φύλακας ή ένας εκδικητικός δαίμονας;

The Lion

The stone Lion of Ioulis is the timeless symbol of Hora, an unforgettable destination for an amazing one-kilometer stroll at sunset, and a key anchor and protector of our walk. Like a living creature, the Lion presents a different face to every visitor. Any slight change in the sun's angle or your own alters the message of his archaic smile: is he a watchful, benign guardian or an avenging demon?

The Lion, well over life size, was carved by exploiting a suggestively shaped outcrop of the living rock. Once, the beast was of a piece with

Ο Λέων, πολύ μεγαλύτερος του φυσικού μεγέθους, σμιλεύτηκε σε μια προεξοχή του βράχου που έτυχε να έχει το κατάλληλο σχήμα. Το λιοντάρι ήταν κάποτε ενσωματωμένο στην πλατιά, σχεδόν κυκλική βάση του — ο βράχος όμως δεν ήταν ομοιόμορφος. Στο κάτω μέρος της βάσης, ο γερός, σκληρός γρανίτης έδινε τη θέση του σε πιο μαλακό σχιστόλιθο. Με την πάροδο του χρόνου, ο πιο μαλακός βράχος διαβρώθηκε, αποσαθρώνοντας το μνημείο. Ο Λέων πήρε κλίση· η βάση του σκίστηκε στα δύο, στο σημείο ακριβώς της ένωσης της πίσω πλευράς με την επίπεδη επιφάνεια.

Το 1880 ο Κωνσταντίνος (μπαρμπα-)Μάνθος, ο ηρωικός αυτεπάγγελτος φύλακας και οδηγός των αρχαιοτήτων της Κέας, ανέφερε εγγράφως ότι ο Λέων κινδύνευε να καταρρεύσει. Η Αρχαιολογική Υπηρεσία ενέκρινε την κατασκευή ενός πέτρινου τειχίου αντιστήριξης κάτω απ' τον Λέοντα, έργο το οποίο ο Μάνθος υλοποίησε με επιμέλεια και προσοχή. Έτσι ο Λέων διασώθηκε, ταλαιπωρημένος αλλά άθικτος, σε σχεδόν οριζόντια θέση. Μια σειρά απότομα πέτρινα σκαλοπάτια κατεβαίνουν σήμερα μέχρι το μνημείο.

Δεν γνωρίζουμε πόσο ακριβώς κύλησε ο Λέων από την αρχική του θέση. Μπορούμε όμως να πούμε με βεβαιότητα ότι την εποχή που δημιουργήθηκε δέσποζε στον αρχαίο δρόμο πολύ περισσότερο απ' ό,τι σήμερα. Στην αρχαία Ελλάδα οι λίθινοι λέοντες τοποθετούνταν σε κάποια κεντρική οδό ως επιτύμβιο μνημείο. Ο πιο γνωστός από αυτούς σήμαινε το *πολυάνδριον* (ομαδικό τάφο) του Ιερού Λόχου των Θηβών, που ηττήθηκε ολοκληρωτικά από τον Φίλιππο Β΄ και τον μακεδονικό στρατό στη μάχη της Χαιρώνειας υπερασπιζόμενος την ελευθερία των ελληνικών πόλεων–κρατών. Αντίστοιχα, με λίθινο λέοντα σημάνθηκε και το *πολυάνδριον* στις αρχαίες Θεσπιές της Βοιωτίας.

Για να προσδιορίσουν τη χρονολογία δημιουργίας του Λέοντα της Κέας, οι πρώτοι παρατηρητές εξέτασαν το αδρό περίγραμμά του και κατέληξαν ότι χρονολογείται είτε στην προϊστορική, μυκηναϊκή εποχή, είτε ότι φιλοτεχνήθηκε από κάποιον τοπικό καλλιτέχνη κατά τον ύστερο Μεσαίωνα. Σήμερα, ωστόσο, οι μελετητές συμφωνούν ότι τα αρχαϊκά χαρακτηριστικά του τον τοποθετούν σαφέστατα στον έβδομο ή στον πρώιμο έκτο π.Χ. αιώνα.

Η πραγματική ιστορία του Λέοντα είχε χαθεί ήδη δύο χιλιετίες πριν. Οι μελετητές επιχείρησαν να συμπληρώσουν τα κενά όσο το δυνατόν καλύτερα, χρησιμοποιώντας τα θραύσματα ενός αρχαίου παπύρου που ανακαλύφθηκε σε ανασκαφή στην Αίγυπτο. Σήμερα σώζονται αποσπάσματα από δύο ελληνιστικές αφηγήσεις που συνδέουν την Κέα με ένα λιοντάρι. Σύμφωνα με τον πρώτο ποιητικό μύθο, η αρχαία Κέως ιδρύθηκε από τις Νύμφες μετά την εκδίωξή τους απ' τον Παρνασσό από ένα λιοντάρι. Σύμφωνα με τον δεύτερο μύθο, οι Νύμφες καταδιώχθηκαν από ένα λιοντάρι στο στενό ανάμεσα

στην Κέω και την Κάρυστο (στη γειτονική Εύβοια). Κατά πάσα πιθανότητα, οι Νύμφες συμβόλιζαν τις πολλές πηγές της Κέας, ενώ η φυγή τους την παρατεταμένη ανομβρία του νησιού.

Οι διηγήσεις αυτές υπαινίσσονται, πιθανότατα άδικα, έναν Λέοντα παρόμοιο μ' εκείνον που περιγράφεται στην Α΄ Επιστολή του Πέτρου (5:8): *ὁ διάβολος, ὡς λέων ὠρυόμενος, περιπατεῖ ζητῶν τίνα καταπίῃ*. Καλού κακού, οι λεχώνες της Χώρας, αν το σπίτι τους βλέπει στον Λέοντα, κρατάνε σφαλιστά τα παραθυρόφυλλα τις σαράντα ημέρες της τελετουργικής απομόνωσης μαζί με το νεογέννητο.

Πέρα απ' τον Λέοντα

Οι δρόμοι είναι σωματικές μνήμες, μιμήματα που επανεγγράφονται στο τοπίο με τα βήματα του κάθε διαβάτη. Όπως οι μνήμες ανακαλούνται για να αφηγηθούμε μια ιστορία, έτσι και οι δρόμοι «ξαναγράφονται» κάθε φορά που τους χρησιμοποιούμε. Οι αχνές οπές που ανοίχτηκαν πρώτα από τα μυρμήγκια και στη συνέχεια από τα κουνέλια και τα κατσίκια, συναγωνίζονται για τις πατημασιές που θα τις διατηρήσουν. Μέσα στο ανθρωποκεντρικό οικοσύστημα διασώζονται μόνο οι δρόμοι εκείνοι που βρίσκονται σε καλύτερο υψόμετρο, προσφέρουν σκιά και νερό και οδηγούν απευθείας στο σημείο που θέλουν να φτάσουν οι άνθρωποι. Εξελίσσονται σε μονοπάτια για αγελάδες και κατόπιν σε μουλαρόδρομους.

Τα μονοπάτια συναγωνίζονται τόσο με τη φύση όσο και μεταξύ τους. Ένα καθαρό μονοπάτι επιτρέπει την έκθεση της επιφάνειας του εδάφους στο άμεσο φως του ήλιου, πράγμα που ωθεί την ανάπτυξη μιας μεγάλης ποικιλίας φυτών. Όταν παύουν να περνούν αδιάκοπα οι βαριές οπλές ή οι μεταλλικές λεπίδες που καθαρίζουν τη θαμνώδη βλάστηση, τότε τα μονοπάτια σβήνουν. Στα επικλινή εδάφη, μάλιστα, τα χωμάτινα μονοπάτια τον χειμώνα μετατρέπονται σε λασπωμένους χειμάρρους, που με τη σειρά τους μετατρέπονται σε δύσβατες ρεματιές. Ο σεβασμός του εδάφους είναι μια μερική λύση που μπορεί να δώσει ο κατασκευαστής του μονοπατιού, αλλά το καλύτερο μέτρο πρόληψης ενάντια στη διάβρωση είναι η προσεχτική λιθόστρωση, με αρκετές οπές απορροής και σκαλοπάτια προσαρμοσμένα μάλλον στο άνοιγμα της δρασκελιάς των μουλαριών παρά των ανθρώπων.

Μετά τον Λέοντα, η διαδρομή είναι γενικά βατή· το μονοπάτι, επειδή ακολουθεί τις στιβαρές πεζούλες, είναι χωμάτινο. Στην ανηφορική πλευρά του λόφου σώζονται ίχνη μιας χαμηλής προεξοχής του βράχου, όπου το πέτρωμα αποκόπηκε κατά τους αρχαίους χρόνους. Για να διευκολυνθεί,

the thick, almost circular base on which he lay — but the rock was not uniform. At the lower edge of the base, good, hard granite yielded to softer schist. Over time, the softer rock eroded, undercutting the monument. The Lion tipped and slid; his base cracked in two just where his back merged with the flat surface.

In 1880, Konstantinos ("*Barba*"/"Uncle") Manthos, the heroic volunteer guardian and guide for Kea's antiquities, reported that the Lion was on the verge of falling irretrievably down the hill. The Greek Archaeological Service authorized him to build a stone wall below to prop the Lion up. This task he performed well and carefully, with the result that the Lion survives, weathered but intact and not too far from horizontal. A flight of rough stone steps now leads down to reach him.

We do not know precisely how far the Lion slid from his initial position. We can be confident, however, that when he was carved the Lion dominated the ancient roadway more than he does the modern. In ancient Greece, stone lions beside a major road served as funerary monuments. The most famous of them adorned the mass grave (*polyandrion*) of the Sacred Band of Thebes, who fell at Chaeronea fighting to preserve the liberty of the Greek cities from Philip II and his Macedonians. Another adorned a similar *polyandrion* just outside ancient Thebes in Boeotia.

To determine the date he was carved, early observers looked at the Lion's rough outline and concluded that he was either prehistoric, from Mycenaean times, or else the work of a local artist in the late Middle Ages. Scholars now agree, however, that his archaic features anchor him securely in the seventh or early sixth century BCE.

The true story of the Lion was already lost two millennia ago. Scholars have tried to fill the gap as best they can, using scraps of ancient papyrus excavated in Egypt. Two Hellenistic tales linking Kea to a lion have reached us in fragments. In one poetic myth, Keos — as the island was called in antiquity — was founded by nymphs driven from Mt. Parnassos by a lion. In another, nymphs were chased by a lion across the strait from Keos to Karystos (on neighboring Euboea). Presumably those nymphs symbolized Kea's many springs, and their flight Kea's many droughts.

These stories imply, probably unfairly, a Lion akin to the one described in 1 Peter 5:8 — "the devil, as a roaring lion, walketh about, seeking whom he may devour." To be safe, during their 40 days of ritual isolation with a new-born infant, Hora mothers whose houses look towards the Lion keep their shutters closed.

άραγε, η μεταφορά μεγαλύτερων φορτίων σανού πάνω σε μουλάρια ή για να υποστηριχθεί κάποιος εξαφανισμένος πια αγωγός ύδρευσης; Στην άλλη πλευρά του λόφου, το γιγάντιο πλατάνι, τοπόσημο της Βρύσης του Βενιαμίν, έχει προσφέρει ευλογημένη σκιά και δροσιά σε γενιές και γενιές οδοιπόρων.

Ως βοτανολόγος του βασιλιά Λουδοβίκου ΙΔ΄ της Γαλλίας, ο Τουρνεφόρ εξερεύνησε, στον βαθμό που ο χρόνος και οι τοπικοί αξιωματούχοι τού επέτρεπαν, ένα μεγάλο μέρος της Οθωμανικής Αυτοκρατορίας. Δεν ασχολήθηκε με τον Λέοντα, αλλά μελέτησε σχολαστικά τα άγνωστα φυτά του νησιού που ο ίδιος και άλλοι μελετητές ονόμαζαν Ceus — η Κέως των αρχαίων ή η Τζια των ντόπιων. Το πυκνό δίκτυο από μονοπάτια και καλντερίμια, που είναι πλευρικά προστατευμένα με πέτρινα τειχία και ανοιχτά στο φως του ήλιου, κλαδεύονται από τα ζώα και λιπαίνονται με τα περιττώματά τους, παρέχει το κατάλληλο μικροκλίμα για πλήθος εξωτικά φυτά.

Μετά τη Βρύση του Βενιαμίν μπαίνουμε στο βελανιδόδασος. Εδώ, η σκιά και τα πλούσια σε τανίνη φύλλα συντηρούν έναν βοτανικό πλούτο διαφορετικό από εκείνον που συναντήσαμε πριν, στα ασκεπή πεδία. Αυτή την πολύ πλούσια χλωρίδα, ακολουθώντας τη διαδρομή από τη Βρύση του Βενιαμίν, συγκέντρωσε με αγάπη, μήνα το μήνα, και κατέγραψε σε μια

Beyond the Lion

Roads are physical memories, memes reimprinted in the landscape by the footfall of every traveler. Like the memories we summon to tell a story, roads are "rewritten" with each reuse. Faint gaps first cut by ants, then by rabbits and goats, compete for the footsteps that will sustain them. In a human-dominated ecosystem, the survivors are those that best conserve altitude, offer shade and water, and lead straightforwardly to where humans might wish to go. They become cow paths, then mule tracks.

Footpaths compete with nature as well as with one another. A clear trail opens the ground to direct sunlight, which drives the growth of a rich variety of plants. Unless kept clear of brush by constant heavy hooves or metal blades, paths disappear. And where the ground slopes, a dirt path becomes a muddy stream in winter, and that stream becomes an impassable ravine. Respect for the terrain is the path-maker's partial solution, but erosion is best prevented by careful stone paving, with regular outlets for runoff and flights of steps calibrated to a mule's rather than a human's stride.

After the Lion, the trail is mostly level, following sturdy terraces, and thus left mostly dirt. On the uphill side, the rock preserves traces of a low shelf, where the rock was cut back in ancient times. Was this to permit wider loads of hay on muleback, or to support a vanished water conduit? Rounding the hill, an enormous plane tree comes into view, marking the Fountain of Benjamin, with its blessed shade and refreshment for centuries of travelers.

As the botanist of King Louis XIV of France, Tournefort explored as much of the Ottoman Empire as time and local officials permitted. He ignored the Lion, but devoted careful attention to the unfamiliar plants of what he and his fellow scholars called Ceus — Keos to the ancients, Zia or Tzia to his local informants. The dense network of pathways and *kalderimia*, sheltered by stone walls but open to sunlight above, pruned by animals but also fertilized by droppings, provides a host of the microclimates needed for a profusion of exotic plants.

After the Fountain of Benjamin we enter the oak forest, where shade and tannin-rich leaves promote a different botanical wealth from that of the previous open tracks. Artist Judith Allen-Efstathiou is one of Tournefort's many successors to follow these paths. The walk from the Fountain of Benjamin is particularly rich in flora, as she records in the series of botanical compositions she has lovingly assembled for each month.

The track emerges at the beautiful stone chapel of Agios Dimitrios on a prominent saddle overlooking the northeast coast. Roads improve

σειρά βοτανικές συνθέσεις η εικαστικός Τζούντιθ Άλλεν-Ευσταθίου, συνεχίζοντας την παράδοση του Τουρνεφόρ.

Το μονοπάτι στη συνέχεια ανεβαίνει στο πανέμορφο πέτρινο ξωκκλήσι του Αγίου Δημητρίου, χτισμένο στο διάσελο του λόφου που βλέπει στη βορειοανατολική πλευρά. Οι δρόμοι βελτιώνουν τις πιθανότητες επιβίωσής τους με διάφορους τρόπους, και ένας από τους πλέον αποτελεσματικούς είναι η κατασκευή, στο τέρμα του δρόμου, μιας εκκλησίας χτισμένης προς τιμήν κάποιου τοπικά λαοφιλούς αγίου. Το μονοπάτι πρέπει να μένει καθαρό, ώστε να είναι εύκολη η πρόσβαση την ημέρα της γιορτής του αγίου. Όπου οι αγρότες και τα γελάδια δεν κυκλοφορούν αρκετά συχνά για να κρατάνε το μονοπάτι ανοιχτό, κάποιος που φέρει το όνομα του αγίου ή κάποια οικογένεια που χρησιμοποιεί την προσωπική της σχέση με το ξωκκλήσι ως απόδειξη ιδιοκτησίας της γης, θα φορτώσει το μουλάρι με εργαλεία και θα επιστρατεύσει έναν δυο φίλους για να αντικαταστήσουν τις πέτρες που λείπουν και να κόψουν τα αγκάθια που ενδέχεται να ταλαιπωρήσουν τον ιερέα και τους πιστούς προσκυνητές.

Το μοναστήρι της Παναγίας της Καστριανής

Ο δρόμος του Λέοντος οφείλει σε μεγάλο μέρος τη μεγαλοπρέπειά του στην Παναγία την Καστριανή, μια θαυματουργή εικόνα της Θεοτόκου. Σύμφωνα με τον θρύλο, η εικόνα βρέθηκε στις αρχές του δέκατου όγδοου αιώνα στην κορφή ενός λόφου που δεσπόζει στη βορειοανατολική πλευρά, όταν ένα μυστηριώδες φως έφερε έναν αγρότη της περιοχής στο σημείο. Η θεία μεσολάβηση ενέπνευσε την ανέγερση ενός ναού στον οποίο συρρέουν πλήθος προσκυνητές, φορτωμένοι με προσφορές. Η Παναγία είναι ακόμα και σήμερα προστάτιδα του νησιού. Σε εποχές ανομβρίας ή άλλων δεινών, η λιτανεία της εικόνας μεταφέρει τη χάρη Της εκεί που τη χρειάζονται, όπως στην κορφή του Προφήτη Ηλία, για να μεσολαβήσει για τη βροχή.

Η ευσέβεια και το πρακτικό πνεύμα απαιτούσαν την κατασκευή ενός μόνιμα βατού μονοπατιού προς την εκκλησία, μιας διακλάδωσης του δρόμου του Λέοντα. Κελιά χτίστηκαν γύρω από το ναό, τα οποία επέτρεπαν την ασφαλή διανυκτέρευση των προσκυνητών μετά την τρίωρη πεζοπορία τους από τη Χώρα. Τα κελιά αυτά φιλοξενούν ακόμα και σήμερα επισκέπτες, ενώ, χάρη στους γάμους και στις βαφτίσεις που πραγματοποιούνται στον ιερό χώρο, διατηρείται σε καλή κατάσταση η επιφάνεια του δρόμου.

Εδώ, ωστόσο, συναντάμε μια αντίφαση. Ένας δρόμος μπορεί να είναι υπερβολικά πετυχημένος. Το αρχαίο μονοπάτι προς την Παναγία ακολουθούσε τη φυσική και πιο βολική διαδρομή. Όταν όμως η Κέα απέκτησε αυτοκίνητα, η

their odds of survival in various ways, but one of the most effective is the construction, at the far end of the road, of a church built to honor a locally popular saint. The path must be kept clear to provide access on the saint's feast day. Where there is insufficient traffic of farmers and cows to keep the path open, someone sharing the saint's name, or a family using its personal connection to the chapel as proof of land ownership, will load a mule with tools and recruit a friend or two to replace missing stones and cut back the thorns that might inconvenience the priest and faithful pilgrims.

The Monastery of Panagia Kastriani

The Lion road owes even more of its grandeur to the Panagia Kastriani, a miracle-working icon of the Virgin. She was found, according to legend, on a hilltop commanding the northeast coast in the early eighteenth century, after mysterious lights drew a local farmer to the site. This divine

τρίωρη πεζοπορία ιερέων και πιστών έμοιαζε πια παράλογη, τη στιγμή που μια μπουλντόζα και λίγες μέρες εργασίας μπορούσαν να μετατρέψουν τον μουλαρόδρομο αρχικά σ' έναν ομαλό χωματόδρομο και κατόπιν σ' έναν σύγχρονο ασφαλτόδρομο. Ένα τμήμα απ' το παλιό καλντερίμι υπάρχει και σήμερα, λίγο πριν από την εκκλησία της Παναγίας της Καστριανής, αλλά μερικά κουραστικά χιλιόμετρα ασφαλτόδρομου το χωρίζουν από τη Διαδρομή του Λέοντα. Αποκομμένο από το ενιαίο σύστημα μονοπατιών, είναι πια γεμάτο βάτα και πρακτικά αχρηστευμένο.

Η διάσωση των μονοπατιών

Η διατήρηση του προνεωτερικού τοπίου των ελληνικών νησιών είναι ένα δύσκολο και συχνά άχαρο εγχείρημα. Σήμερα οι περισσότεροι Κείοι έχουν, εύλογα, εγκαταλείψει τη γεωργία για λόγους αυτοσυντήρησης, υπέρ ενός πιο άνετου τρόπου ζωής. Οι ιδιοκτησίες τους, εκτός κι αν βρίσκονται σε κάποια επικερδή θέση με θέα τη θάλασσα, παραμελούνται. Οι ορεινές πεζούλες καταρρέουν όταν δεν τις συντηρούν οι αγρότες. Τα βοσκοτόπια γρήγορα μετατρέπονται σε αδιαπέραστους θαμνώνες μόλις οι βοσκοί σταματούν την (παράνομη πλέον) ελεγχόμενη καύση της βλάστησης που εξασφάλιζε επαρκή ποσότητα χορταριού για τα πρόβατά τους.

Ο ισχυρότερος σήμερα φορέας προστασίας είναι η Αρχαιολογική Υπηρεσία. Μπορεί απλά να απαγορεύσει τη δόμηση μεγάλων εκτάσεων γης με τον χαρακτηρισμό της περιοχής ως αρχαιολογικού χώρου μετά την έκδοση της σχετικής υπουργικής απόφασης. Όλη η Χώρα είναι γεμάτη αρχαιότητες. Έτσι, οι περισσότερες πλαγιές γύρω από την αρχαία Ιουλίδα, αλλά και η Διαδρομή του Λέοντα μέχρι τη Βρύση του Βενιαμίν, βρίσκονται από το 1996 υπό την εποπτεία της Αρχαιολογικής Υπηρεσίας, καθώς έχουν ενταχθεί στην επονομαζόμενη Ζώνη Α΄ απολύτου προστασίας. Καμία επέμβαση στο υπάρχον δομημένο περιβάλλον καθώς και καμία εργασία στο μονοπάτι δεν επιτρέπονται χωρίς την προηγούμενη έγκριση της Αρχαιολογικής Υπηρεσίας. Τα τελευταία χρόνια, όλες οι εργασίες «βελτίωσης» τμημάτων του μονοπατιού έχουν σταματήσει απότομα μετά το τηλεφώνημα κάποιου γείτονα, άγρυπνου φρουρού της περιοχής.

Οι Έλληνες αρχαιολόγοι είναι μεν αρμόδιοι για την προστασία αλλά δεν έχουν τα απαιτούμενα κονδύλια για τη συντήρηση ή την αποκατάσταση. Όπως όμως σημειώσαμε παραπάνω, η φύση φέρεται καλά στα μονοπάτια μόνο όταν αυτά περπατιούνται, μόνον όσο είναι σε καθημερινή χρήση. Δύο πρωτοβουλίες επιχειρούν να διατηρήσουν τη χρήση τους, με

intercession inspired the construction of a church, and a steady stream of miracle-seekers laden with gifts. The Panagia still serves as protector of the island. In times of drought or other crisis, a procession will bring the icon where She is needed, for example to the peak of Mt. Prophitis Elias to intercede for rain.

Piety and practicality demanded construction of a permanently passable track to the church, an extension of the Lion road. Cells were built around the church, allowing pilgrims to spend the night in safety after their three-hour trek from Hora. These cells still welcome visitors, and the sacred compound is the site of weddings and baptisms that keep the road well surfaced.

Here, however, we come to a contradiction. A road can succeed too well. The ancient track to the Panagia followed the most natural and convenient course. Once Kea had automobiles, it seemed insane for priests and the pious to walk three hours, when one bulldozer and not many days could transform the mule path first to a smooth dirt track and ultimately to a modern asphalt road. One stretch of the old *kalderimi* still exists, just before the Panagia Kastriani church, but it is cut off from the Lion Walk by weary kilometers of asphalt. No longer part of an integrated trail system, it is overgrown with brambles and essentially unusable.

Saving the path

Preserving the pre-modern landscape of a Greek island is a difficult and often thankless task. Quite understandably, most Keans have abandoned subsistence agriculture in favor of more comfortable ways of life. Unless their property is profitably situated overlooking a beach, it will be neglected. Mountain terraces collapse if farmers do not maintain them. Pastures quickly turn to impenetrable scrub once shepherds stop the (now illegal) controlled burns that ensured there was grass for their sheep.

The most powerful force for protection is now the Greek Archaeological Service. It can render large tracts of land off-limits for building simply by pointing to ancient remains and issuing a ministerial order. Hora abounds in antiquities. Therefore, most of the hillsides around ancient Ioulis, including the Lion Walk as far as the Fountain of Benjamin, have been under Archaeological Service supervision since 1996, in the so-called Zone A of maximum protection. No alteration of the existing built environment, including work on the footpath, is allowed without

ενθαρρυντικά αποτελέσματα. Η πρώτη είναι η προσπάθεια αναβίωσης του βασικού φυσικού θησαυρού της Κέας, του βελανιδόδασους, ως εμπορεύσιμης καλλιέργειας, ικανής να επιτρέψει στους Κείους να συνεχίσουν την αγροτική εκμετάλλευση της γης τους. Το εγχείρημα της Μάρσι Μέγερ, μόνιμης πλέον κατοίκου Κέας, επανέφερε στην οικονομία του νησιού ένα αρχαίο προϊόν του, το σπιτικό αλεύρι βελανιδιού, που μέχρι στιγμής χρησιμοποιείται σε μικρή κλίμακα για ζυμαρικά και μπισκότα. Επιπλέον, έφερε τοπικούς παραγωγούς σε επαφή με παραδοσιακά εργαστήρια βυρσοδεψίας ανά τη Μεσόγειο, αναβιώνοντας το κάποτε τεράστιο εμπόριο της μοναδικής βελανιδόκουπας της Κέας.

Η δεύτερη πρωτοβουλία είναι η ένταξη των καλντεριμιών της Κέας στο επίσημο Δίκτυο Διαδρομών Πολιτιστικού Ενδιαφέροντος. Έτσι, διατέθηκαν κονδύλια για τη χαρτογράφηση, τη σηματοδότηση και τη συντήρηση βασικών παραδοσιακών διαδρομών. Όπως ήταν αναμενόμενο, η Διαδρομή του Λέοντα είναι η Διαδρομή 1, ενώ η ανατολική της διακλάδωση είναι η Διαδρομή 10. Οι ντόπιοι εθελοντές, εμφορούμενοι από γνήσια αγάπη για το τοπίο που κατασκεύασαν οι πρόγονοί τους, κατόρθωσαν σε μεγάλο βαθμό να κρατήσουν προσβάσιμο αυτό το επίσημο δίκτυο διαδρομών, προσελκύοντας περιπατητές από την Ελλάδα και το εξωτερικό.

Η εγκωμιαστική περιγραφή του Θήοντορ Μπεντ — «ένας απ' τους πιο μαγευτικούς περιπάτους στον κόσμο» — εξακολουθεί να ισχύει το 2020. Το αρχαίο μονοπάτι συνεχίζει να συνδυάζει την ιστορία, τη μαγευτική θέα και τη στενή επαφή με το θαυμαστό, ιδιαίτερο οικοσύστημα της Κέας. Η Διαδρομή του Λέοντα διατηρείται, έστω κι αν δεν σώζεται ολόκληρη. Εξακολουθεί να είναι ένα καλοπατημένο μονοπάτι για γελάδια και μουλάρια, και συνεχίζει να αποτελεί πόλο έλξης για ευαισθητοποιημένους ταξιδιώτες απ' όλο τον κόσμο. Στο μέλλον, ωστόσο, κανείς δεν θα μπορεί να εγγυηθεί τη διατήρηση του φυσικού τοπίου της Κέας, σε πείσμα της βάναυσης απλούστευσης που φέρνουν οι μπουλντόζες και η ανεξέλεγκτη εξάπλωση της παραθεριστικής κατοικίας.

Μετάφραση: Ελεάννα Πανάγου

Ο **Τζον Μπρέιντι Κίσλινγκ** είναι πρώην διπλωμάτης, αρχαιολόγος και συγγραφέας που ζει στην Αθήνα. Η εφαρμογή του ToposText χαρτογραφεί αρχαίους Έλληνες και Ρωμαίους συγγραφείς στο ελληνικό τοπίο.

prior Archaeological Service permission. In recent years, every time work begins to "improve" a section of the path, that work is quickly shut down by the phone call of some observant resident.

Greek archaeologists have the legal power to protect, but almost no money to maintain or improve. But as noted above, nature is not kind to paths unless feet tread on them every day. Two initiatives are at work to keep feet on the trails, with encouraging results. The first is an effort to restore Kea's chief plant treasure, its forests of valonia oaks (*velanidia*), as a cash crop important enough to keep Keans doing regular agricultural work on their hillsides. A project created by Kea immigrant Marcie Mayer has reintroduced to Kea an ancient island foodstuff, home-ground acorn flour, so far on a small scale for pasta and cookies. More important, she has linked local farmers to traditional leather tanners around the Mediterranean, and thus restored a once-enormous trade in Kea's unique acorn caps.

The second initiative has been to enlist Kea's *kalderimia* in an official Network of Routes of Cultural Interest. Money has been made available to map, signpost, and repair key traditional routes. Appropriately, the Lion Walk figures as Route 1, with its eastern continuation as Route 10. Local volunteers, inspired by a genuine love for the landscape their ancestors built, have largely succeeded in their efforts to keep these official trails accessible and attractive to walkers from Greece and other countries.

Bent's glowing assessment — "one of the finest promenades in the world" — remains true today. Our ancient track continues to combine history, breathtaking views, and intimate contact with Kea's venerable, distinctive ecosystem. The Lion Walk survives, even though not fully. It is still a well-trodden pathway for cows and mules, still a magnet for sensitive travelers from around the planet. In the future, however, no one can guarantee the survival of Kea's natural landscape when faced with the brutal simplification brought by bulldozers and the proliferation of holiday villas.

John Brady Kiesling is a former diplomat, archaeologist and author who lives in Athens. His ToposText app maps ancient Greek and Roman authors to the Greek landscape.

January

Ιανουάριος

February

Φεβρουάριος

FEBRUARY
2011

FEBRUARY
2013

March

Μάρτιος

MARCH
2011

MARCH
2016

April

Απρίλιος

APRIL
2012

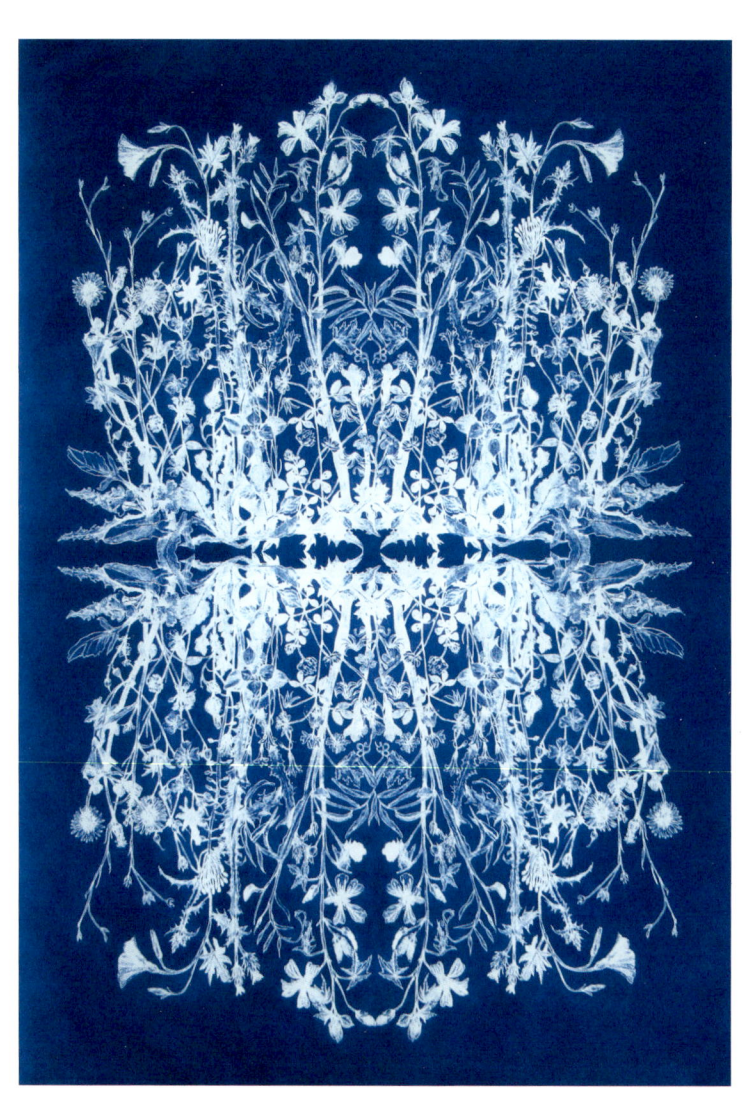

May

Μάιος

June

Ιούνιος

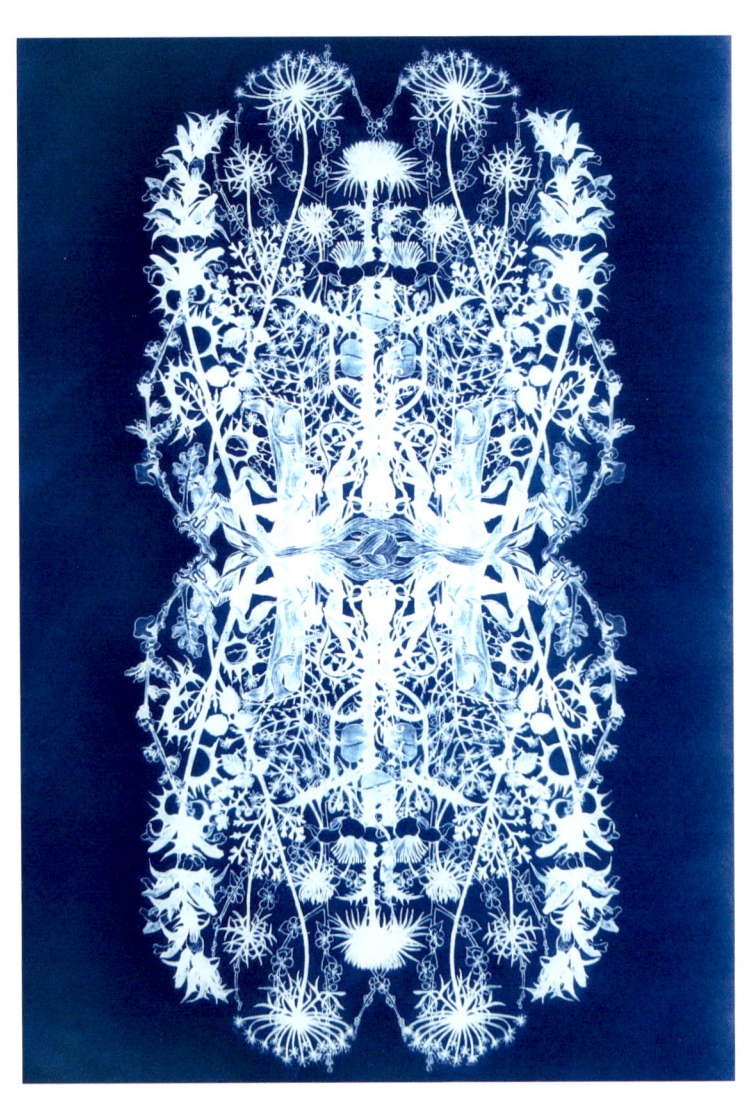

July

Ιούλιος

JULY
2012

August

Αύγουστος

AUGUST
2011

AUGUST
2014

September

Σεπτέμβριος

SEPTEMBER
2014

October

Οκτώβριος

OCTOBER
2012

November

Νοέμβριος

December

Δεκέμβριος

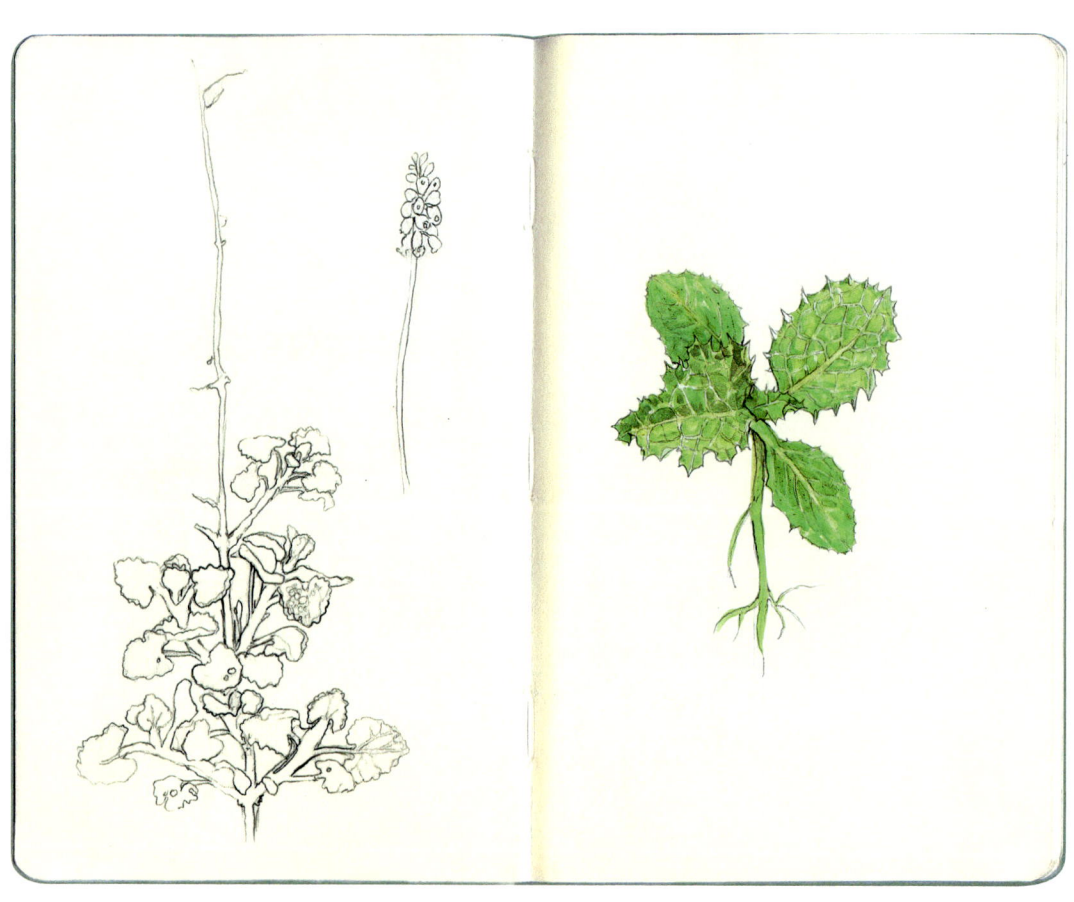

DECEMBER
2012

ΒΙΟΓΡΑΦΙΚΟ ΣΗΜΕΙΩΜΑ

Η **ΤΖΟΥΝΤΙΘ ΑΛΛΕΝ-ΕΥΣΤΑΘΙΟΥ** γεννήθηκε στην Αθήνα της Τζόρτζια, στις ΗΠΑ, και μεγάλωσε στη Νέα Υόρκη. Σπούδασε καλές τέχνες στο School of the Museum of Fine Arts της Βοστόνης και στο Tufts University στο Μέντφορντ της Μασαχουσέτης. Από το Μουσείο Καλών Τεχνών κέρδισε μια ετήσια υποτροφία για ταξίδι στο εξωτερικό. Η υποτροφία αυτή την έφερε στην Αθήνα, όπου έμεινε για 30 χρόνια και απέκτησε την ελληνική ιθαγένεια. Το 2000 επέστρεψε στις ΗΠΑ και έκτοτε περνά τον μισό χρόνο εκεί και τον άλλο μισό στην Ελλάδα. Πυρήνας του έργου της είναι η συνομιλία ανάμεσα στα δύο αυτά πολιτισμικά περιβάλλοντα.

Όταν είναι στην Ελλάδα, μοιράζει τον χρόνο της ανάμεσα στην Αθήνα και στο νησί της Κέας. Στην Κέα χαίρεται να περπατάει στο δίκτυο με τα αρχαία καλντερίμια που διατρέχουν το νησί. Στη σειρά έργων της «Mapping the Walk» (με αφετηρία το 2011) καταγράφει τις διαδρομές της, ζωγραφίζοντας τα αγριολούλουδα που παρατηρεί ενώ περπατά σε ένα από αυτά τα λιθόστρωτα μονοπάτια, μήνα το μήνα, όλο το χρόνο. Τα σχέδια, αλλά και τα έργα που βασίστηκαν σε αυτά, εκτέθηκαν στο Παλαιοπωλείο Μαρτίνος, στην Αθήνα, το 2020, στο πλαίσιο της έκθεσης *Botanical Rhapsody*. Οι πρώτες 36 ζωγραφιές της καταγραφής της αποτελούν μέρος της μόνιμης συλλογής στη Γεννάδειο Βιβλιοθήκη της Αμερικανικής Σχολής Κλασικών Σπουδών (η πρόσβαση επιτρέπεται με τη συμπλήρωση της αίτησης AF-A42/C1Q). Η Τζούντιθ Άλλεν-Ευσταθίου είναι μέλος της εικαστικής ομάδας ΑΦΗ στην Αθήνα. Με την ΑΦΗ έχει εκθέσει στο Μουσείο Μπενάκη το 2009 και το 2014.

Στις ΗΠΑ το εικαστικό έργο της εστιάζεται στον δημόσιο χώρο. Τα γλυπτά της, που απεικονίζουν τα δέντρα του βόρειου δάσους όπου συχνά πηγαίνει για πεζοπορία, είναι ανάγλυφες χαράξεις σε πλάκες παλαιωμένου χαλκού που κόπηκαν με βύθιση σε οξύ. Τις πλάκες αυτές τις διέσωσε από τον τρούλο του δημαρχιακού μεγάρου του Μέιν, απ' όπου αφαιρέθηκαν κατά την ανακαίνισή του. Τα έργα της από αυτόν ακριβώς τον χαλκό επέστρεψαν στο Δημαρχείο του Μέιν, διακοσμώντας το πλέον μόνιμα (η εγκατάστασή τους έγινε τον Αύγουστο του 2017). Εκτίθενται επίσης μόνιμα στο Δικαστικό Κέντρο του Ουώλντο στο Μπέλφαστ του Μέιν (2019) και στο Κοινοτικό Σχολείο στο Κάριμπου του Μέιν (2020). Έργα της περιλαμβάνονται στις συλλογές του Portland Museum of Art στο Μέιν και στο Farnsworth Museum στο Ρόκλαντ του Μέιν. Ζει στο Πόρτλαντ του Μέιν και έχει διδάξει χαρακτική στο University of Southern Maine και στο Maine College of Art.

Ιστοσελίδα: www.judithallenstudios.com
Μετάφραση: Μαρία Γαργαρώνη

BIOGRAPHICAL NOTE

JUDITH ALLEN-EFSTATHIOU was born in Athens, Georgia, U.S.A., but grew up in New York and studied visual arts at the School of the Museum of Fine Arts, Boston, and Tufts University, Medford, Massachusetts. Judith was awarded a fellowship by the Museum of Fine Arts for one year of international travel. This led to a three-decade stay in Athens, Greece, where she became a naturalized Greek citizen. In 2000 she returned to the U.S.A. and began spending six months in the U.S.A. and six months in Greece. Her artwork is informed by her negotiations between these two cultures.

In Greece, Judith divides her time between Athens and the island of Kea. On Kea she loves hiking along the island's ancient network of mule trails. In her project "Mapping the Walk" (in progress since 2011), she documents her walks by drawing the wildflowers she observes on a single footpath each month of the year. The drawings and related artwork were exhibited in *Botanical Rhapsody* at Martinos Gallery, Athens, Greece, in 2020. The first 36 of these drawings are now in the permanent collection of the Gennadius Library of the American School of Classical Studies, Athens, and can be viewed on request (AF-A42/C1Q). Judith is a member of the AFI artists' collective in Athens and has exhibited with AFI at the Benaki Museum, Athens (2009 and 2014).

In the U.S.A., Judith's work focuses on public art depicting the trees of the northern forest where she often spends time hiking. Her relief sculptures in acid-cut, vintage copper salvaged from the Maine State House dome hang permanently in the Maine State House (installed August 2017), in the Waldo Justice Center, Belfast, Maine (2019), and in Caribou Community School, Caribou, Maine (2020). Her artwork is represented in the collections of the Portland Museum of Art, Portland, Maine, and the Farnsworth Museum, Rockland, Maine. She lives in Portland, Maine, and has taught printmaking at the University of Southern Maine and Maine College of Art.

Website: www.judithallenstudios.com

ΕΥΧΑΡΙΣΤΙΕΣ

Στην Ελλάδα, πολλές ευχαριστίες στους:
- Ελένη Μαρτίνου, για τις συμβουλές της και τη συνεχή υποστήριξη αυτού του έργου, και για την έκθεση των σχεδίων και συναφών έργων τέχνης στην γκαλερί της στην Αθήνα.
- Μαρία Γεωργοπούλου, που διευκόλυνε τη στέγαση 36 σχεδίων στη μόνιμη συλλογή της Γενναδείου Βιβλιοθήκης της Αμερικανικής Σχολής Κλασικών Σπουδών στην Αθήνα και για τις πολύτιμες συμβουλές της για την έκδοση του *Χαρτογραφώντας το μονοπάτι*.
- Κάρολ Νάτση και Μαρία Γαργαρώνη, για τις συμβουλές τους και την προσεγμένη επιμέλεια των κειμένων στα αγγλικά και τα ελληνικά.
- Κατερίνα Δημητρίου, για τις συμβουλές της στον σχεδιασμό του βιβλίου.
- Τζον Μπρέιντι Κίσλινγκ, για την έρευνά του και το κείμενό του για αυτό το θαυμαστό μονοπάτι.
- Ίνγκερ Κάρλσον, Εύα Χειλαδάκη, Θεοδώρα Χωραφά, στην αείμνηστη Κορίνα Κουτούζη, στους Μαρία Γρηγορίου, Δέσποινα Πανταζοπούλου και Γιάννη Παπαδόπουλο από την εικαστική μου ομάδα ΑΦΗ, για τη φιλία τους, τη συνεργασία για πάνω από 40 χρόνια και την έκθεση τμήματος αυτού του έργου με την ΑΦΗ στο Μουσείο Μπενάκη στην Αθήνα.
- Τιμ Ρόμπινσον, τον σύζυγό μου, και Ειρήνη Ευσταθίου, την κόρη μου, για τη στήριξη και την υπομονή τους τα 10 χρόνια που βρισκόταν σε εξέλιξη αυτό το έργο, όταν το μικρό επαρχιακό σπίτι μας στη Χώρα ήταν συνεχώς γεμάτο με υλικά σχεδίασης, αγριολούλουδα και κάθε λογής ζουζούνια και αράχνες που έφταναν μαζί με τα φυτά που συνέλεγα.

Στις ΗΠΑ, πολλές ευχαριστίες στους:
- Επιτροπή Τεχνών του Μέιν και Εθνική Δωρεά για τις Τέχνες, για δύο χορηγίες: η πρώτη για τη στήριξη της καταγραφής και αρχειοθέτησης των σχεδίων και η δεύτερη για την προετοιμασία αυτού του βιβλίου προς έκδοση.
- Μέρι Χάρντιγκ, πρώην διευθύντρια (συνταξιοδοτήθηκε το 2020) στην George Marshall Store Gallery (Γιορκ, Μέιν) και Βανέσα Νέσβιγκ, συντονίστρια ερμηνείας και εκθέσεων στους Coastal Maine Botanical Gardens (Μπούθμπεϊ, Μέιν) για την έκθεση των σχεδίων «Χαρτογραφώντας το μονοπάτι».

Τζούντιθ Άλλεν-Ευσταθίου
Αθήνα, Ιούνιος 2021

ACKNOWLEDGMENTS

In Greece, many thanks to:
- Eleni Martinou for her advice and continued support of this project and for exhibiting the drawings and related artworks in her Athens gallery.
- Maria Georgopoulou for facilitating the housing of 36 drawings in the permanent collection of the Gennadius Library of the American School of Classical Studies, Athens, and for her valuable advice on the publication of *Mapping the Walk*.
- Carol Natsis and Maria Gargaroni for advice and thoughtful editing in English and Greek.
- Katerina Dimitriou for advice on the design of the book.
- John Brady Kiesling for his research and text about this extraordinary footpath.
- Inger Carlsson, Eva Cheiladaki, Theodora Chorafas, the late Corinna Coutouzi, Maria Grigoriou, Despina Pantazopoulou and Yiannis Papadopoulos from my artist collective, AFI, for their friendship and collaboration during more than 40 years and for the exhibition of part of this project with AFI at the Benaki Museum, Athens.
- Tim Robinson, my husband, and Eirene Efstathiou, my daughter, for their support and patience during the 10 years this project was in progress, when our small village house in Hora was constantly filled with drawing materials, wildflowers and all the bugs and spiders that arrived on the plants I collected.

In the U.S.A. many thanks to:
- The Maine Arts Commission and the National Endowment for the Arts for two grants: the first to support documenting and archiving the drawings, and the second for the preparation of this book for publication.
- Mary Harding, formerly Director (retired 2020), George Marshall Store Gallery (York, Maine), and Vanessa Nesvig, Interpretation and Exhibits Coordinator, Coastal Maine Botanical Gardens (Boothbay, Maine) for exhibiting the "Mapping the Walk" drawings.

Judith Allen-Efstathiou
Athens, June 2021

LIST OF ARTWORKS
ΚΑΤΑΛΟΓΟΣ ΤΩΝ ΕΡΓΩΝ

page / σελ. 36
Field journal sketch, January 2013
Σχέδιο ημερολογίου πεδίου, Ιανουάριος 2013
Gouache and graphite
Γκουάς και γραφίτης
8.5 x 10 inches / ίντσες – 21 x 26 cm / εκ.

page / σελ. 37
Mapping the Walk: January 2013
Χαρτογραφώντας το μονοπάτι: Ιανουάριος 2013
Gouache and graphite on mulberry paper
Γκουάς και γραφίτης σε χαρτί από ίνες μουριάς
18.5 x 12.5 inches / ίντσες – 47 x 33 cm / εκ.

page / σελ. 40
Mapping the Walk: February 2011
Χαρτογραφώντας το μονοπάτι: Φεβρουάριος 2011
Gouache and graphite on mulberry paper
Γκουάς και γραφίτης σε χαρτί από ίνες μουριάς
18.5 x 12.5 inches / ίντσες – 47 x 33 cm / εκ.

page / σελ. 41
Mapping the Walk: February 2013
Χαρτογραφώντας το μονοπάτι: Φεβρουάριος 2013
Gouache and graphite on mulberry paper
Γκουάς και γραφίτης σε χαρτί από ίνες μουριάς
18.5 x 12.5 inches / ίντσες – 47 x 33 cm / εκ.

page / σελ. 44
Field journal sketch, March 2011
Σχέδιο ημερολογίου πεδίου, Μάρτιος 2011
Gouache and graphite
Γκουάς και γραφίτης
11 x 8 inches / ίντσες – 28 x 20 cm / εκ.

page / σελ. 45
Mapping the Walk: March 2011
Χαρτογραφώντας το μονοπάτι: Μάρτιος 2011
Gouache and graphite on mulberry paper
Γκουάς και γραφίτης σε χαρτί από ίνες μουριάς
18.5 x 12.5 inches / ίντσες – 47 x 33 cm / εκ.

page / σελ. 46
Mapping the Walk: March 2012
Χαρτογραφώντας το μονοπάτι: Μάρτιος 2012
Gouache and graphite on mulberry paper
Γκουάς και γραφίτης σε χαρτί από ίνες μουριάς
18.5 x 12.5 inches / ίντσες – 47 x 33 cm / εκ.

page / σελ. 47
Mapping the Walk: March 2014
Χαρτογραφώντας το μονοπάτι: Μάρτιος 2014
Gouache and graphite on mulberry paper
Γκουάς και γραφίτης σε χαρτί από ίνες μουριάς
18.5 x 12.5 inches / ίντσες – 47 x 33 cm / εκ.

page / σελ. 48
Field journal sketch, March 2016
Σχέδιο ημερολογίου πεδίου, Μάρτιος 2016
Gouache and graphite
Γκουάς και γραφίτης
8 x 10 inches / ίντσες – 20 x 25.5 cm / εκ.

page / σελ. 49
Mapping the Walk: March 2016
Χαρτογραφώντας το μονοπάτι: Μάρτιος 2016
Gouache and graphite on mulberry paper
Γκουάς και γραφίτης σε χαρτί από ίνες μουριάς
18.5 x 12.5 inches / ίντσες – 47 x 33 cm / εκ.

page / σελ. 50
Field journal sketch, March 2017
Σχέδιο ημερολογίου πεδίου, Μάρτιος 2017
Gouache and graphite
Γκουάς και γραφίτης
11 x 8 inches / ίντσες – 28 x 20 cm / εκ.

page / σελ. 51
Mapping the Walk: March 2017
Χαρτογραφώντας το μονοπάτι: Μάρτιος 2017
Gouache and graphite on mulberry paper
Γκουάς και γραφίτης σε χαρτί από ίνες μουριάς
18.5 x 12.5 inches / ίντσες – 47 x 33 cm / εκ.

page / σελ. 54
Mapping the Walk: April 2011
Χαρτογραφώντας το μονοπάτι: Απρίλιος 2011
Gouache and graphite on mulberry paper
Γκουάς και γραφίτης σε χαρτί από ίνες μουριάς
18.5 x 12.5 inches / ίντσες – 47 x 33 cm / εκ.

page / σελ. 55
Mapping the Walk: April 2012
Χαρτογραφώντας το μονοπάτι: Απρίλιος 2012
Gouache and graphite on mulberry paper
Γκουάς και γραφίτης σε χαρτί από ίνες μουριάς
18.5 x 12.5 inches / ίντσες – 47 x 33 cm / εκ.

page / σελ. 56
Botanical Rhapsody 1, 2020
Βοτανική ραψωδία 1, 2020
Cyanotype on mulberry paper
Κυανοτυπία σε χαρτί από ίνες μουριάς
36 x 25 inches / ίντσες – 91.5 x 63.5 cm / εκ.

page / σελ. 57
Mapping the Walk: April 2014
Χαρτογραφώντας το μονοπάτι: Απρίλιος 2014
Gouache and graphite on mulberry paper
Γκουάς και γραφίτης σε χαρτί από ίνες μουριάς
18.5 x 12.5 inches / ίντσες – 47 x 33 cm / εκ.

page / σελ. 58
Mapping the Walk: April 2015
Χαρτογραφώντας το μονοπάτι: Απρίλιος 2015
Gouache and graphite on mulberry paper
Γκουάς και γραφίτης σε χαρτί από ίνες μουριάς
18.5 x 12.5 inches / ίντσες – 47 x 33 cm / εκ.

page / σελ. 59
Mapping the Walk: April 2017
Χαρτογραφώντας το μονοπάτι: Απρίλιος 2017
Gouache and graphite on mulberry paper
Γκουάς και γραφίτης σε χαρτί από ίνες μουριάς
18.5 x 12.5 inches / ίντσες – 47 x 33 cm / εκ.

page / σελ. 60
Field journal sketch, April 2018
Σχέδιο ημερολογίου πεδίου, Απρίλιος 2018
Gouache and graphite
Γκουάς και γραφίτης
11 x 8 inches / ίντσες – 28 x 20 cm / εκ.

page / σελ. 61
Mapping the Walk: April 2018
Χαρτογραφώντας το μονοπάτι: Απρίλιος 2018
Gouache and graphite on mulberry paper
Γκουάς και γραφίτης σε χαρτί από ίνες μουριάς
18.5 x 12.5 inches / ίντσες – 47 x 33 cm / εκ.

page / σελ. 62
Field journal sketch, April 2019
Σχέδιο ημερολογίου πεδίου, Απρίλιος 2019
Gouache and graphite
Γκουάς και γραφίτης
11 x 8 inches / ίντσες – 28 x 20 cm / εκ.

page / σελ. 63
Mapping the Walk: April 2019
Χαρτογραφώντας το μονοπάτι: Απρίλιος 2019
Gouache and graphite on mulberry paper
Γκουάς και γραφίτης σε χαρτί από ίνες μουριάς
18.5 x 12.5 inches / ίντσες – 47 x 33 cm / εκ.

page / σελ. 66
Field journal sketch, May 2011
Σχέδιο ημερολογίου πεδίου, Μάιος 2011
Gouache and graphite
Γκουάς και γραφίτης
10 x 8.5 inches / ίντσες – 26 x 21 cm / εκ.

page / σελ. 67
Mapping the Walk: May 2011
Χαρτογραφώντας το μονοπάτι: Μάιος 2011
Gouache and graphite on mulberry paper
Γκουάς και γραφίτης σε χαρτί από ίνες μουριάς
18.5 x 12.5 inches / ίντσες – 47 x 33 cm / εκ.

page / σελ. 68
Field journal sketch, May 2013
Σχέδιο ημερολογίου πεδίου, Μάιος 2013
Gouache and graphite
Γκουάς και γραφίτης
11 x 8 inches / ίντσες – 28 x 20 cm / εκ.

page / σελ. 69
Mapping the Walk: May 2013
Χαρτογραφώντας το μονοπάτι: Μάιος 2013
Gouache and graphite on mulberry paper
Γκουάς και γραφίτης σε χαρτί από ίνες μουριάς
18.5 x 12.5 inches / ίντσες – 47 x 33 cm / εκ.

page / σελ. 70
Mapping the Walk: May 2014
Χαρτογραφώντας το μονοπάτι: Μάιος 2014
Gouache and graphite on mulberry paper
Γκουάς και γραφίτης σε χαρτί από ίνες μουριάς
18.5 x 12.5 inches / ίντσες– 47 x 33 cm / εκ.

page / σελ. 71
Mapping the Walk: May 2015
Χαρτογραφώντας το μονοπάτι: Μάιος 2015
Gouache and graphite on mulberry paper
Γκουάς και γραφίτης σε χαρτί από ίνες μουριάς
18.5 x 12.5 inches / ίντσες – 47 x 33 cm / εκ.

page / σελ. 72
May Mirrored, 2020
Καθρέφτισμα του Μαΐου, 2020
Cyanotype and lithograph on mulberry paper
Κυανοτυπία και λιθογραφία σε χαρτί από ίνες μουριάς
18.5 x 13 inches / ίντσες - 47 x 33 cm / εκ.

page / σελ. 73
Mapping the Walk: May 2016
Χαρτογραφώντας το μονοπάτι: Μάιος 2016
Gouache and graphite on mulberry paper
Γκουάς και γραφίτης σε χαρτί από ίνες μουριάς
18.5 x 12.5 inches / ίντσες - 47 x 33 cm / εκ.

page / σελ. 74
Field journal sketch, May 2020
Σχέδιο ημερολογίου πεδίου, Μάιος 2020
Gouache and graphite
Γκουάς και γραφίτης
11 x 8 inches / ίντσες - 28 x 20 cm / εκ.

page / σελ. 75
Mapping the Walk: May 2017
Χαρτογραφώντας το μονοπάτι: Μάιος 2017
Gouache and graphite on mulberry paper
Γκουάς και γραφίτης σε χαρτί από ίνες μουριάς
18.5 x 12.5 inches / ίντσες - 47 x 33 cm / εκ.

page / σελ. 76
Field journal sketch, May 2018
Σχέδιο ημερολογίου πεδίου, Μάιος 2018
Gouache and graphite
Γκουάς και γραφίτης
8.5 x 10 inches / ίντσες - 21 x 26 cm / εκ.

page / σελ. 77
Mapping the Walk: May 2018
Χαρτογραφώντας το μονοπάτι: Μάιος 2018
Gouache and graphite on mulberry paper
Γκουάς και γραφίτης σε χαρτί από ίνες μουριάς
18.5 x 12.5 inches / ίντσες - 47 x 33 cm / εκ.

page / σελ. 78
Field journal sketch, May 2019
Σχέδιο ημερολογίου πεδίου, Μάιος 2019
Gouache and graphite
Γκουάς και γραφίτης
8.5 x 10 inches / ίντσες - 21 x 26 cm / εκ.

page / σελ. 79
Mapping the Walk: May 2019
Χαρτογραφώντας το μονοπάτι: Μάιος 2019
Gouache and graphite on mulberry paper
Γκουάς και γραφίτης σε χαρτί από ίνες μουριάς
18.5 x 12.5 inches / ίντσες - 47 x 33 cm / εκ.

page / σελ. 82
Field journal sketch, June 2011
Σχέδιο ημερολογίου πεδίου, Ιούνιος 2011
Gouache and graphite
Γκουάς και γραφίτης
8.5 x 10 inches / ίντσες - 21 x 26 cm / εκ.

page / σελ. 83
Mapping the Walk: June 2011
Χαρτογραφώντας το μονοπάτι: Ιούνιος 2011
Gouache and graphite on mulberry paper
Γκουάς και γραφίτης σε χαρτί από ίνες μουριάς
18.5 x 12.5 inches / ίντσες - 47 x 33 cm / εκ.

page / σελ. 84
Mapping the Walk: June 2013
Χαρτογραφώντας το μονοπάτι: Ιούνιος 2013
Gouache and graphite on mulberry paper
Γκουάς και γραφίτης σε χαρτί από ίνες μουριάς
18.5 x 12.5 inches / ίντσες - 47 x 33 cm / εκ.

page / σελ. 85
Mapping the Walk: June 2014
Χαρτογραφώντας το μονοπάτι: Ιούνιος 2014
Gouache and graphite on mulberry paper
Γκουάς και γραφίτης σε χαρτί από ίνες μουριάς
18.5 x 12.5 inches / ίντσες - 47 x 33 cm / εκ.

page / σελ. 86
Field journal sketch, June 2015
Σχέδιο ημερολογίου πεδίου, Ιούνιος 2015
Gouache and graphite
Γκουάς και γραφίτης
8.5 x 10 inches / ίντσες - 21 x 26 cm / εκ.

page / σελ. 87
Mapping the Walk: June 2015
Χαρτογραφώντας το μονοπάτι: Ιούνιος 2015
Gouache and graphite on mulberry paper
Γκουάς και γραφίτης σε χαρτί από ίνες μουριάς
18.5 x 12.5 inches / ίντσες - 47 x 33 cm / εκ.

page / σελ. 88
Field journal sketch, June 2016
Σχέδιο ημερολογίου πεδίου, Ιούνιος 2016
Gouache and graphite
Γκουάς και γραφίτης
8.5 x 10 inches / ίντσες – 21 x 26 cm / εκ.

page / σελ. 89
Mapping the Walk: June 2016
Χαρτογραφώντας το μονοπάτι: Ιούνιος 2016
Gouache and graphite on mulberry paper
Γκουάς και γραφίτης σε χαρτί από ίνες μουριάς
18.5 x 12.5 inches / ίντσες – 47 x 33 cm / εκ.

page / σελ. 90
Botanical Rhapsody 2, 2020
Βοτανική ραψωδία 2, 2020
Cyanotype on mulberry paper
Κυανοτυπία σε χαρτί από ίνες μουριάς
36 x 25 inches / ίντσες – 91.5 x 63.5 cm / εκ.

page / σελ. 91
Mapping the Walk: June 2017
Χαρτογραφώντας το μονοπάτι: Ιούνιος 2017
Gouache and graphite on mulberry paper
Γκουάς και γραφίτης σε χαρτί από ίνες μουριάς
18.5 x 12.5 inches / ίντσες – 47 x 33 cm / εκ.

page / σελ. 92
Mapping the Walk: June 2019
Χαρτογραφώντας το μονοπάτι: Ιούνιος 2019
Gouache and graphite on mulberry paper
Γκουάς και γραφίτης σε χαρτί από ίνες μουριάς
18.5 x 12.5 inches / ίντσες – 47 x 33 cm / εκ.

page / σελ. 93
Mapping the Walk: June 2020
Χαρτογραφώντας το μονοπάτι: Ιούνιος 2020
Gouache and graphite on mulberry paper
Γκουάς και γραφίτης σε χαρτί από ίνες μουριάς
18.5 x 12.5 inches / ίντσες – 47 x 33 cm / εκ.

pages / σελ. 94-95
They Paved Paradise, 2015
Πλακόστρωσαν τον παράδεισο, 2015
Cyanotype on mulberry paper
Κυανοτυπία σε χαρτί από ίνες μουριάς
16.5 x 58.25 inches / ίντσες – 42 x 148 cm / εκ.

page / σελ. 98
Field journal sketch, July 2011
Σχέδιο ημερολογίου πεδίου, Ιούλιος 2011
Gouache and graphite
Γκουάς και γραφίτης
11 x 8 inches / ίντσες – 28 x 20 cm / εκ.

page / σελ. 99
Mapping the Walk: July 2011
Χαρτογραφώντας το μονοπάτι: Ιούλιος 2011
Gouache and graphite on mulberry paper
Γκουάς και γραφίτης σε χαρτί από ίνες μουριάς
18.5 x 12.5 inches / ίντσες – 47 x 33 cm / εκ.

page / σελ. 100
Field journal sketch, July 2012
Σχέδιο ημερολογίου πεδίου, Ιούλιος 2012
Gouache and graphite
Γκουάς και γραφίτης
8.5 x 10 inches / ίντσες – 21 x 26 cm / εκ.

page / σελ. 101
Mapping the Walk: July 2012
Χαρτογραφώντας το μονοπάτι: Ιούλιος 2012
Gouache and graphite on mulberry paper
Γκουάς και γραφίτης σε χαρτί από ίνες μουριάς
18.5 x 12.5 inches / ίντσες – 47 x 33 cm / εκ.

page / σελ. 102
July Mirrored 1, 2019
Καθρέφτισμα του Ιούλη 1, 2019
Cyanotype and lithograph on mulberry paper
Κυανοτυπία και λιθογραφία σε χαρτί από ίνες μουριάς
36 x 25 inches / ίντσες – 91.50 x 63.50 cm / εκ.

page / σελ. 103
Mapping the Walk: July 2013
Χαρτογραφώντας το μονοπάτι: Ιούλιος 2013
Gouache and graphite on mulberry paper
Γκουάς και γραφίτης σε χαρτί από ίνες μουριάς
18.5 x 12.5 inches / ίντσες – 47 x 33 cm / εκ.

page / σελ. 104
Field journal sketch, July 2014
Σχέδιο ημερολογίου πεδίου, Ιούλιος 2014
Gouache and graphite
Γκουάς και γραφίτης
11 x 8 inches / ίντσες – 28 x 20 cm / εκ.

page / σελ. 105
Mapping the Walk: July 2014
Χαρτογραφώντας το μονοπάτι: Ιούλιος 2014
Gouache and graphite on mulberry paper
Γκουάς και γραφίτης σε χαρτί από ίνες μουριάς
18.5 x 12.5 inches / ίντσες – 47 x 33 cm / εκ.

page / σελ. 106
July Mirrored 2, 2020
Καθρέφτισμα του Ιούλ 2, 2020
Cyanotype and lithograph on mulberry paper
Κυανοτυπία και λιθογραφία σε χαρτί από ίνες μουριάς
36 x 25 inches / ίντσες – 91.50 x 63.50 cm / εκ.

page / σελ. 107
Mapping the Walk: July 2015
Χαρτογραφώντας το μονοπάτι: Ιούλιος 2015
Gouache and graphite on mulberry paper
Γκουάς και γραφίτης σε χαρτί από ίνες μουριάς
18.5 x 12.5 inches / ίντσες – 47 x 33 cm / εκ.

page / σελ. 108
Field journal sketch, June 2016
Σχέδιο ημερολογίου πεδίου, Ιούλιος 2016
Gouache and graphite
Γκουάς και γραφίτης
11 x 8 inches / ίντσες – 28 x 20 cm / εκ.

page / σελ. 109
Mapping the Walk: July 2016
Χαρτογραφώντας το μονοπάτι: Ιούλιος 2016
Gouache and graphite on mulberry paper
Γκουάς και γραφίτης σε χαρτί από ίνες μουριάς
18.5 x 12.5 inches / ίντσες – 47 x 33 cm / εκ.

page / σελ. 110
Mapping the Walk: July 2018
Χαρτογραφώντας το μονοπάτι: Ιούλιος 2018
Gouache and graphite on mulberry paper
Γκουάς και γραφίτης σε χαρτί από ίνες μουριάς
18.5 x 12.5 inches / ίντσες – 47 x 33 cm / εκ.

page / σελ. 111
Mapping the Walk: July 2020
Χαρτογραφώντας το μονοπάτι: Ιούλιος 2020
Gouache and graphite on mulberry paper
Γκουάς και γραφίτης σε χαρτί από ίνες μουριάς
18.5 x 12.5 inches / ίντσες – 47 x 33 cm / εκ.

page / σελ. 114
Mapping the Walk: August 2011
Χαρτογραφώντας το μονοπάτι: Αύγουστος 2011
Gouache and graphite on mulberry paper
Γκουάς και γραφίτης σε χαρτί από ίνες μουριάς
18.5 x 12.5 inches / ίντσες – 47 x 33 cm / εκ.

page / σελ. 115
Mapping the Walk: August 2012
Χαρτογραφώντας το μονοπάτι: Αύγουστος 2012
Gouache and graphite on mulberry paper
Γκουάς και γραφίτης σε χαρτί από ίνες μουριάς
18.5 x 12.5 inches / ίντσες – 47 x 33 cm / εκ.

page / σελ. 116
Field journal sketch, August 2013
Σχέδιο ημερολογίου πεδίου, Αύγουστος 2013
Gouache and graphite
Γκουάς και γραφίτης
11 x 8 inches / ίντσες – 28 x 20 cm / εκ.

page / σελ. 117
Mapping the Walk: August 2013
Χαρτογραφώντας το μονοπάτι: Αύγουστος 2013
Gouache and graphite on mulberry paper
Γκουάς και γραφίτης σε χαρτί από ίνες μουριάς
18.5 x 12.5 inches / ίντσες – 47 x 33 cm / εκ.

page / σελ. 118
Mapping the Walk: August 2014
Χαρτογραφώντας το μονοπάτι: Αύγουστος 2014
Gouache and graphite on mulberry paper
Γκουάς και γραφίτης σε χαρτί από ίνες μουριάς
18.5 x 12.5 inches / ίντσες – 47 x 33 cm / εκ.

page / σελ. 119
Mapping the Walk: August 2015
Χαρτογραφώντας το μονοπάτι: Αύγουστος 2015
Gouache and graphite on mulberry paper
Γκουάς και γραφίτης σε χαρτί από ίνες μουριάς
18.5 x 12.5 inches / ίντσες – 47 x 33 cm / εκ.

page / σελ. 120
Field journal sketch, August 2020
Σχέδιο ημερολογίου πεδίου, Αύγουστος 2020
Gouache and graphite
Γκουάς και γραφίτης
8.5 x 10 inches / ίντσες – 21 x 26 cm / εκ.

page / σελ. 121
Mapping the Walk: August 2020
Χαρτογραφώντας το μονοπάτι: Αύγουστος 2020
Gouache and graphite on mulberry paper
Γκουάς και γραφίτης σε χαρτί από ίνες μουριάς
18.5 x 12.5 inches / ίντσες – 47 x 33 cm / εκ.

page / σελ. 124
Mapping the Walk: September 2012
Χαρτογραφώντας το μονοπάτι: Σεπτέμβριος 2012
Gouache and graphite on mulberry paper
Γκουάς και γραφίτης σε χαρτί από ίνες μουριάς
18.5 x 12.5 inches / ίντσες – 47 x 33 cm / εκ.

page / σελ. 125
Mapping the Walk: September 2014
Χαρτογραφώντας το μονοπάτι: Σεπτέμβριος 2014
Gouache and graphite on mulberry paper
Γκουάς και γραφίτης σε χαρτί από ίνες μουριάς
18.5 x 12.5 inches / ίντσες – 47 x 33 cm / εκ.

page / σελ. 126
Field journal sketch, September 2016
Σχέδιο ημερολογίου πεδίου, Σεπτέμβριος 2016
Gouache and graphite
Γκουάς και γραφίτης
10 x 8 inches / ίντσες – 26 x 20 cm / εκ.

page / σελ. 127
Mapping the Walk: September 2016
Χαρτογραφώντας το μονοπάτι: Σεπτέμβριος 2016
Gouache and graphite on mulberry paper
Γκουάς και γραφίτης σε χαρτί από ίνες μουριάς
18.5 x 12.5 inches / ίντσες – 47 x 33 cm / εκ.

page / σελ. 130
Mapping the Walk: October 2012
Χαρτογραφώντας το μονοπάτι: Οκτώβριος 2012
Gouache and graphite on mulberry paper
Γκουάς και γραφίτης σε χαρτί από ίνες μουριάς
18.5 x 12.5 inches / ίντσες – 47 x 33 cm / εκ.

page / σελ. 131
Mapping the Walk: October 2014
Χαρτογραφώντας το μονοπάτι: Οκτώβριος 2014
Gouache and graphite on mulberry paper
Γκουάς και γραφίτης σε χαρτί από ίνες μουριάς
18.5 x 12.5 inches / ίντσες – 47 x 33 cm / εκ.

page / σελ. 134
Field journal sketch, November 2011
Σχέδιο ημερολογίου πεδίου, Νοέμβριος 2011
Gouache and graphite
Γκουάς και γραφίτης
11 x 8 inches / ίντσες – 28 x 20 cm / εκ.

page / σελ. 135
Mapping the Walk: November 2011
Χαρτογραφώντας το μονοπάτι: Νοέμβριος 2011
Gouache and graphite on mulberry paper
Γκουάς και γραφίτης σε χαρτί από ίνες μουριάς
18.5 x 12.5 inches / ίντσες – 47 x 33 cm / εκ.

page / σελ. 138
Field journal sketch, December 2012
Σχέδιο ημερολογίου πεδίου, Δεκέμβριος 2012
Gouache and graphite
Γκουάς και γραφίτης
8.5 x 10 inches / ίντσες – 21 x 26 cm / εκ.

page / σελ. 139
Mapping the Walk: December 2012
Χαρτογραφώντας το μονοπάτι: Δεκέμβριος 2012
Gouache and graphite on mulberry paper
Γκουάς και γραφίτης σε χαρτί από ίνες μουριάς
18.5 x 12.5 inches / ίντσες – 47 x 33 cm / εκ.

page / σελ. 140
December Mirrored, 2020
Καθρέφτισμα του Δεκέμβρη, 2020
Cyanotype on mulberry paper
Κυανοτυπία σε χαρτί από ίνες μουριάς
20 x 27 inches / ίντσες – 50.5 x 69 cm / εκ.

page / σελ. 141
Mapping the Walk: December 2018
Χαρτογραφώντας το μονοπάτι: Δεκέμβριος 2018
Gouache and graphite on mulberry paper
Γκουάς και γραφίτης σε χαρτί από ίνες μουριάς
18.5 x 12.5 inches / ίντσες – 47 x 33 cm / εκ.

ΦΩΤΟΓΡΑΦΙΕΣ: ΤΖΟΥΝΤΙΘ ΑΛΛΕΝ-ΕΥΣΤΑΘΙΟΥ
ΣΑΡΩΣΗ ΣΧΕΔΙΩΝ: PHOTOLAB ATHENS
ΔΙΕΥΘΥΝΤΗΣ ΔΗΜΙΟΥΡΓΙΚΟΥ: ΜΩΥΣΗΣ ΚΑΠΟΝ
ΚΑΛΛΙΤΕΧΝΙΚΗ ΕΠΙΜΕΛΕΙΑ: ΡΑΧΗΛ ΜΙΣΔΡΑΧΗ-ΚΑΠΟΝ
ΕΠΙΜΕΛΕΙΑ ΕΛΛΗΝΙΚΩΝ ΚΕΙΜΕΝΩΝ: ΜΑΡΙΑ ΓΑΡΓΑΡΩΝΗ, ΙΩΑΝΝΑ ΒΑΡΒΑΛΟΥΚΑ
DTP: ΕΛΕΝΗ ΒΑΛΜΑ, ΜΙΝΑ ΜΑΝΤΑ, ΕΥΓΕΝΙΑ ΣΤΑΣΙΝΑΚΗ
ΕΠΕΞΕΡΓΑΣΙΑ ΕΙΚΟΝΩΝ: ΜΙΧΑΛΗΣ ΤΖΑΝΝΕΤΑΚΗΣ

PHOTOGRAPHS: JUDITH ALLEN-EFSTATHIOU
SCANS OF DRAWINGS: PHOTOLAB ATHENS
CREATIVE DIRECTOR: MOSES KAPON
ARTISTIC DESIGNER: RACHEL MISDRAHI-KAPON
ENGLISH TEXT EDITING: CAROL NATSIS
DTP: ELENI VALMA, MINA MANTA, EVGENIA STASSINAKI
PROCESSING OF ILLUSTRATIONS: MICHALIS TZANNETAKIS